长三角美丽宜居乡村样本

（2021年）

住房和城乡建设部科技与产业化发展中心　组织
浙江长三角城镇发展数据研究院

陈　伟　　主编
王晓敬

中国建筑工业出版社

图书在版编目（CIP）数据

长三角美丽宜居乡村样本. 2021年 / 住房和城乡建设部科技与产业化发展中心，浙江长三角城镇发展数据研究院组织；陈伟，王晓敬主编. —北京：中国建筑工业出版社，2022.11
ISBN 978-7-112-28099-5

Ⅰ.①长… Ⅱ.①住…②陈…③王… Ⅲ.①长江三角洲—农村—社会主义建设—研究—2021 Ⅳ.①F327.5

中国版本图书馆CIP数据核字（2022）第203735号

责任编辑：刘文昕
责任校对：李辰馨

长三角美丽宜居乡村样本（2021年）
住房和城乡建设部科技与产业化发展中心
浙江长三角城镇发展数据研究院　　组织
陈　伟
王晓敬　主编

*
中国建筑工业出版社出版、发行（北京海淀三里河路9号）
各地新华书店、建筑书店经销
北京建筑工业印刷厂制版
北京中科印刷有限公司印刷
*

开本：787毫米×1092毫米　1/16　印张：13½　插页：9　字数：260千字
2022年12月第一版　　2022年12月第一次印刷
定价：69.00元
ISBN 978-7-112-28099-5
（40252）

版权所有　翻印必究
如有印装质量问题，可寄本社图书出版中心退换
（邮政编码100037）

编写委员会

主　　编：陈　伟　王晓敬
副 主 编：赵　华　汪承亮
编委会成员：李嘉鹏　张开富　叶　珉　崔晓菊　孟　瑶
　　　　　　杨延涛　袁可可　徐文明　李卫东　沈如方
　　　　　　高泉印　傅小锋　殷旭东　王世群　骈雨中
　　　　　　袁步春　沈永干　陈清德　左光之　张明武
主编单位：住房和城乡建设部科技与产业化发展中心
　　　　　浙江长三角城镇发展数据研究院

序　言

　　乡村，是具有自然、社会、经济特征的地域综合体，兼具生产、生活、生态、文化等多重功能，与城镇互促互进、共生共存，构成人类活动的主要空间。随着中国特色社会主义进入新时代，我国社会的主要矛盾已经转化为人民日益增长的美好生活需要和不平衡、不充分的发展之间的矛盾，而这个矛盾在乡村最为突出，我国仍处于并将长期处于社会主义初级阶段的特征在很大程度上也表现在乡村。乡村兴则国家兴，乡村衰则国家衰。实施乡村振兴战略，是建设现代化经济体系的重要基础，是建设美丽中国的关键举措，是解决新时代我国主要矛盾，实现"两个一百年"奋斗目标和中华民族伟大复兴中国梦的必然要求。

　　习近平总书记讲，"我国发展最大的不平衡是城乡发展不平衡，最大的不充分是农村发展不充分"。这个"不平衡、不充分"的问题，不仅制约了农业农村发展，也制约了城镇化水平和质量的提升，进而影响我国经济社会发展全局。中央一号文件多次提及城乡协调发展、乡村振兴，国家先后出台《乡村振兴战略规划（2018～2022年）》《关于全面推进乡村振兴加快农业农村现代化的意见》《中华人民共和国乡村振兴促进法》和《农村人居环境整治提升五年行动方案（2021～2025年）》等一系列政策、法规，按照"产业兴旺、生态宜居、乡风文明、治理有效、生活富裕"的目标，提出全面推进农村经济建设、政治建设、文化建设、社会建设、生态文明建设和党的建设的要求。显然，农业农村与城镇协调发展，是我们必须完成的重大任务，也是提出乡村振兴战略的重要背景。

　　"长江三角洲地区是我国经济发展最活跃、开放程度最高、创新能力最强的区域之一，在国家现代化建设大局和全方位开放格局中具有举足轻重的战略地位"。长三角地区在乡村振兴方面走在全国前列，其乡村振兴实施情况对全国具有显著示范效应。对长三角地区乡村振兴质量水平的分析与比较，有助于鉴别不同经济发展条件、不同发展模式下乡村振兴的得失与优劣，有助于彼此之间取长补短，有助于积累经验供全国其他地区借鉴参考，从而为全面实现小康社会贡献力量。

　　2021年3月，住房和城乡建设部科技与产业化发展中心（以下简称：中心）发布《关于征集"乡村建设案例"的通知》，面向全国征集一批在农村人居环境整治、农房建设、基础设施建设、村庄治理等方面成效显著，有推广价值的案例。中心会同浙江长三角城镇发展数据研究院（以下简称：数研院）组成编委会的主要团队，从2021年5月起，逐步征集长三角地区乡村振兴案例，共收集整理了120个样本；在此基础上，经过讨论，选取产业经济、历史人文、自然资源、所获荣誉、乡村振兴工作亮点五个维度作为评价标准，通过实地考察、专家推荐及多方论证，选取13个优秀典型乡村，经过编委会整理提炼成稿，最终形成《长三角美丽宜居乡村样本（2021年）》，面向全国出版发行。

"十里不同风，百里不同俗"，每个乡村都是独一无二的，不存在统一的发展模式。不同乡村的区位条件、自然禀赋、经济发展、文化习俗、人口规模、发展基础等因素千差万别，推进乡村振兴需要因地制宜，深入挖掘各自在产业、文化、生态、空间等方面的特色优势。"他乡之石可以攻玉"，希望可以让每一位读者有所启发，帮助广大乡村建设者少走弯路，找到适合自己的方法和路径。本书为《长三角美丽宜居乡村样本》系列书籍的开篇之作。未来，我们将继续深入研究长三角地区乡村发展的现状，了解乡村建设的需求，传播乡村建设知识经验，在乡村振兴战略的大局中发挥出更大的作用。

推动乡村建设发展，实现乡村振兴需要耐心和恒心，需要国家的战略布局和顶层设计，也需要在实践过程中由乡村建设者发挥主体作用。我们将紧紧围绕中央关于乡村振兴战略发展策略，进一步立足长三角地区特征，呼应人民的真实需求，努力使今天的建设成果成为明天的文化景观，奋力谱写中国美丽宜居乡村建设的新篇章。

本书编写委员会
2022年5月

目 录

序言

第一章 "桃"离城市,"青春"吴房 ········ 1

样本概况 ········ 1

样本建设情况解读 ········ 4

 第一节 "三老"村庄的变迁之路 ········ 4

 第二节 村企合作,乡村华丽转身 ········ 4

 第三节 多方共赢的发展之果 ········ 11

 第四节 多元联动的精准之策 ········ 12

乡村建设者访谈 ········ 15

专家点评 ········ 17

第二章 三生乐土,魅力伏虎 ········ 19

样本概况 ········ 19

样本建设情况解读 ········ 21

 第一节 四化一体,高标准打造伏虎样本 ········ 21

 第二节 多措并举,做好乡村振兴大文章 ········ 22

 第三节 绿色发展,绘就"三生"伏虎 ········ 25

 第四节 特色试点,共创伏虎美好生活 ········ 31

乡村建设者访谈 ········ 35

专家点评 ········ 37

第三章 塑境长埭,共享未来 ········ 39

样本概况 ········ 39

  样本建设情况解读 41
    第一节 多方入手，美丽乡村奔"富"未来 41
    第二节 探路未来，描绘"未来乡村"幸福场景 44
    第三节 党建引领"三乡人"同塑共富梦 47
  乡村建设者访谈 50
  专家点评 52

第四章 宜居宜游，和美上林 53

  样本概况 53
  样本建设情况解读 55
    第一节 浙北穷村"颜值革命"，诉说生态美丽故事 55
    第二节 美丽经济踏绿来，勾画乡村共富新图景 58
    第三节 乡村振兴，上林经验 60
  乡村建设者访谈 64
  专家点评 66

第五章 荷美东岙，稻香人家 68

  样本概况 68
  样本建设情况解读 70
    第一节 坚持"五化"同步，擦亮乡村"底色" 70
    第二节 东岙之美，激活"瓯越"一池春水 75
    第三节 坚定不移打造东岙样板，奋力走好新时代赶考路 78
  乡村建设者访谈 80
  专家点评 82

第六章 太湖灵秀地，风情陆门塘 83

  样本概况 83
  样本建设情况解读 86
    第一节 破茧成蝶的华丽转变 86

	第二节　全面持续的乡村振兴	93
	第三节　可以复制的经验分享	97
乡村建设者访谈		103
专家点评		105

第七章　金砖水乡，旅美祝家甸 ······ 107

样本概况 ······ 107

样本建设情况解读 ······ 109

  第一节　丰富实施路径，助推乡村经济发展 ······ 109

  第二节　创新工作机制，打造生态宜居乡村 ······ 112

  第三节　强化社会治理，建设文明和谐乡村 ······ 113

乡村建设者访谈 ······ 116

专家点评 ······ 119

第八章　紫山漫林，颐养山村 ······ 121

样本概况 ······ 121

样本建设情况解读 ······ 123

  第一节　立足自然生境，建设特色美丽乡村 ······ 123

  第二节　突出指引作用，营建和谐文明乡村 ······ 127

乡村建设者访谈 ······ 130

专家点评 ······ 131

第九章　"百年渔村"绘就安庄特色田园 ······ 133

样本概况 ······ 133

样本建设情况解读 ······ 135

  第一节　"湖畔明珠"的文化画卷 ······ 135

  第二节　"守望原乡"的田园风情 ······ 137

  第三节　"富民强村"的振兴样本 ······ 141

乡村建设者访谈 ······ 144

专家点评 ··· 146

第十章　东罗模式，创新城乡融合建设 ································ 147

　　样本概况 ··· 147
　　样本建设情况解读 ··· 149
　　　第一节　本土营建，打造东罗新气质 ······························· 149
　　　第二节　晴耕雨读，孕育农旅新发展 ······························· 151
　　　第三节　产业优先，促进经济新增长 ······························· 154
　　乡村建设者访谈 ··· 157
　　专家点评 ··· 159

第十一章　规划引领，打造生态美丽铁匠屋 ···························· 160

　　样本概况 ··· 160
　　样本建设情况解读 ··· 162
　　　第一节　规划建设－旧乡村焕发新生机 ···························· 162
　　　第二节　五大振兴－新挑战带来新机遇 ···························· 170
　　乡村建设者访谈 ··· 173
　　专家点评 ··· 175

第十二章　鲍店田园，山坳人家的美丽实践 ···························· 177

　　样本概况 ··· 177
　　样本建设情况解读 ··· 180
　　　第一节　强化规划引领，完善村庄布局 ···························· 180
　　　第二节　筑牢生态本底，支撑产业发展 ···························· 181
　　　第三节　改善环境质量，讲好文化故事 ···························· 184
　　　第四节　锚定发展方向，总结振兴经验 ···························· 186
　　乡村建设者访谈 ··· 188
　　专家点评 ··· 190

第十三章　绿树村边合，青山郭外桃花村 192

样本概况 192
样本建设情况解读 194
第一节　实施乡村建设，打造美丽乡村 194
第二节　着眼产业兴旺，建设富裕乡村 196
第三节　重视组织建设，共创幸福生活 198
第四节　聚焦建设要素，明确发展路径 200
乡村建设者访谈 203
专家点评 204

调研及采编说明 206

第一章 "桃"离城市,"青春"吴房

上海市奉贤区青村镇吴房村

样本概况

吴房村位于上海市奉贤区青村镇,村庄东抵浦星公路,南至平庄西路,距上海主城区直线距离仅40公里,用时3分钟即可经浦星公路通至上海绕城高速入口,交通十分便利。全村区域面积1.99平方公里,耕地面积1447.95亩,村庄由10个自然村组成,总人口1215人。吴房村于1958年成立,2003年前隶属奉贤县钱桥镇管辖,2003年原青村镇、钱桥镇、光明镇三镇合并为青村镇,至此吴房村归属青村镇管辖,并谐音得名"青春吴房(青村吴房)"。

历史上,吴房村以民风淳朴而声名远播,有着丰富的民间文化传承。其中,刻纸、打莲厢目前已列入非物质文化遗产名录;同时,吴房村也是国家地理标志产品"锦绣黄桃"的种植地区。

图1 吴房村鸟瞰图

第一章 "桃"离城市，"青春"吴房

图2 吴房村改造前后对比

青村镇吴房村通过引入国有资本和社会专业团队共建运营平台，围绕"青春吴房"主题，对村庄整体进行了产业导入和运营提升。2018年8月，吴房村入选上海市首批9个乡村振兴示范村，以社会资本入驻运营、"黄桃+全产业链"、宅基地运营盘活等多项措施拉动乡村改造，先后获评中国美丽休闲乡村、全国乡村旅游重点村、全国乡村治理示范村、上海市乡村振兴示范村、全国文明村、全国民主法治示范村、生态文化村等称号，是上海市新农村改造的一个典型成功案例。

图3　村庄主入口标识

样本建设情况解读

第一节 "三老"村庄的变迁之路

2017年以前的吴房村可以用"一片凄凉"来形容：一是电线密布、河道黑臭、垃圾随处可见，村庄环境持续恶化；二是土地板结贫瘠，黄桃树"超龄服役"，农业发展受到限制；三是年轻人大量外出工作，人口老龄化现象严重，村内房屋大量空置，村庄空心化日趋显著。因此，外界通常将之戏称为"树老、地老、人老"的"三老"村庄。根据数据显示，2017年吴房村全村人均纯收入9600元，仅达到上海及奉贤平均水平的35%。一言以蔽之，吴房村的发展已然陷入困境，诸多难题亟待解决。

随着党的十九大胜利召开，在实施乡村振兴战略的背景下，吴房村的发展迎来了转机。2018年经地方和专家推荐，农业农村部拟将吴房村推介为2018年中国美丽休闲乡村，纳入上海市首批乡村振兴示范村之一。同年9月，中国交通建设股份有限公司（以下称"中国交建"）所属的中交上航局入村进驻，秉持"人与自然和谐共生"理念，围绕"产业兴旺、生态宜居、乡风文明、治理有效、生活富裕"的总要求，承担了房屋改建、道桥建设、河道疏浚及景观绿化等方面建设，给这座小乡村带来了无限的发展可能。

图4 水系改造前后对比

第二节 村企合作，乡村华丽转身

（一）规划先行，打包立项，联合验收，统筹管理

2016年青村镇对全镇域范围开展了整体策划，从土地利用、空间布局、基金设立、产业导入、招商方案、营运方案以及"三块地"流转方案等方面，通过策划，瞄准村庄发展定位，明确乡村发展模式。2018年底，吴房村由中国美院进行总体规

图5 吴房村田园综合体俯瞰效果图

划建设，全面统一实施宅基地建筑风貌改造203户，重塑"三分黑七分白"的江南水乡村貌景致。

规划先行，贯穿改造建设。吴房村有着百年悠久历史，在这次改造中，施工方先期对古宅、古桥、古牌坊等历史文化古迹资源进行梳理，坚持"不规划不策划，不策划不施工"的原则，同时以修旧如旧的原则把江南水乡元素和海派民居特色融入整体风貌管控之中，确保了改造项目在合理、专业的指导下有序进行，减少了不必要的建设成本和反复工期。

以打包立项加快建设进度。乡村振兴项目内容复杂，涉及多个条线，为加快项目建设速度，整合房建、道路、水系、公建配套、景观绿化等专项工程，统一打包

图6 乡村建设风貌

立项，并采用勘察设计施工一体化招标方式。不仅缩短了建设周期，也减少了重复拆建问题，节省了资金。

图7 《吴房十景图》——吴山明

以联合验收实现"一盘棋"管理。由市农委与立项审批单位牵头,由市级层面组织联合验收,确保工程建设程序闭合。设立财政统一专用账户,将水务、住建、农委等各部门奖补资金统一转入该账户,根据工程实施进度拨款,一盘棋做好乡村振兴事业。

(二)宅基地改造,优化用地布局,为产业发展挪空间

在市场资本介入之前,吴房村长期属于"经济薄弱村",唯一的资源是1447亩的农用地及481户空置率极高的宅基地,村

图8 吴房村一期项目改造后实景图

民对外出租的租金也比较微薄。为破解村庄体量较小、建设用地有限的问题，吴房村结合农民意愿，优化用地布局，通过减量、集约利用、集中居住等政策工具，有效释放用地空间及指标。同时为改善农民居住条件，吴房村规划至2035年实现481户农民全部相对集中居住，平移257户，其余全部进城（镇）。吴房村以土地整治为平台，集中居住为抓手，全面推进"三块地"改革，为乡村振兴发展提供必要的建设空间，引导产业入驻，将资源转变为资产，并由多元化混改经济组织统一经营管理。

（三）整合国有资本、社会资本、政府等多方力量，助力乡村高质量振兴

针对乡村建设资金缺口较大、二三产业用地指标不足等问题，一方面，青村镇创新融资模式，借助镇属东方桃源集团公司市场化运作，以"农民相对集中居住＋相关产业开发收入＋借款人综合收益"的模式取得了农发行乡村振兴示范镇项目的金融支持。另一方面，通过镇属集体公司联合国有资本、金融机构、政府引导基金及社会资本投资设立了长三角乡村振兴股

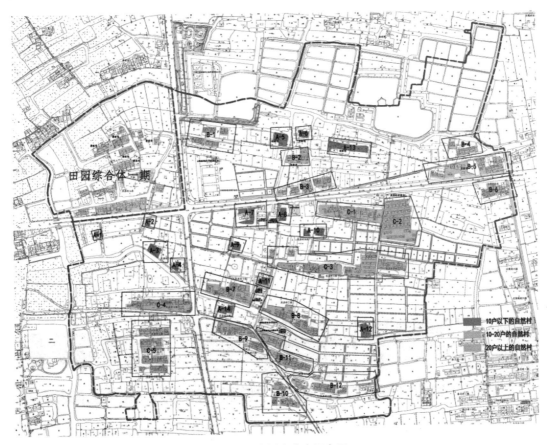

图9 吴房村农房空间布局

权基金，以产业方式投入农区、园区。目前已通过参与工业园区存量开发建设，筹得市内首个乡村振兴金融项目即"青村镇乡村振兴示范镇（一期）项目"农发行首批贷款26亿元，用以共同推动安置房及园区转型的启动资金。融资的创新既减轻了镇财政支出的压力，也解决了农民安置的资金缺、落地难的局面，同步解决园区转型的资金困难。

上海市属国有资本运营平台上海国盛集团带动社会资本，一起成立上海思尔腾科技集团有限公司组织负责吴房村的建设运营，在思尔腾等社会企业的参与下，吴房村形成了"黄桃＋IP"的"一二三产融合发展"模式。吴房村与上海农科院合作，推广黄桃种植集中化管理，科技种植管理、加强市场营销，扩大销路；延伸黄桃产业链，建设果汁果酒深加工产业中心；利用好奉贤区"三园一总部"的政策支持，发展总部经济，开发文创IP以及活动周边产品，引入新产业、新业态。

（四）一二三产融合，打造"市"外桃园

吴房村为了吸引更多年轻人入驻，为了可持续发展，着力推动一二三产深度融合，创建国家级现代农业黄桃产业园，合力打造东方桃源。具体建设模式可分为以下几种。

黄桃＋旅游：培育科技农业从业者群体，打造从田园到餐桌全产业链；打造"十里桃花"旅游休闲观光路和"魅力·桃礼文化"桃世界。

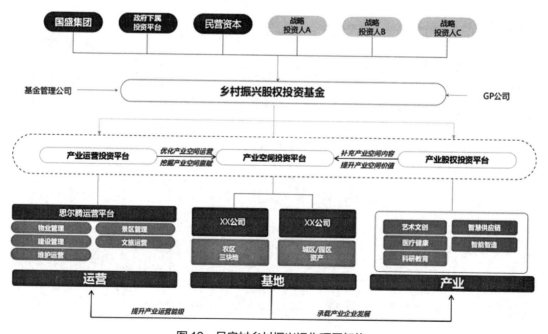

图10　吴房村乡村振兴运作顶层架构

样本建设情况解读

图 11 吴房村桃花季实景图

黄桃＋民宿：引入精品民宿，形成农商文旅深度融合新模式。通过"租金＋股金＋薪金"的方式，农民更是实现了持续稳定增收。

图 12 思尔腾乡村振兴研习社

黄桃＋就业：流转村民手中 700 亩农用地，目前已流转 85%。使用流转土地实现黄桃的集约化种植，村民不再当"桃农"，而是受聘成为大型黄桃合作社的"养护专家"。

黄桃＋科研：通过思尔腾与上海市农科院合作开发的黄桃产业园，建立农业标准化管理体系，共同开展恢复土壤肥力研究，逐批替换有近 20 年树龄的老桃树，优化黄桃品种。针对"黄桃产业提升关键技术研究"要求，制订了奉贤区黄桃种植和品质标准，并力争形成自主知识产权和专利产品，成为全国性行业标杆。

图 13 黄桃种植

黄桃＋美食："黄桃＋"的带动效应正在吴房村显现，文化创意、旅游项目加速聚集。位于东部的餐饮区将引入多家高水准的特色餐饮。

图 14 奉贤黄桃擂台赛在吴房村举办

黄桃＋文创：南部邻靠马路的建筑将用作文化创意工作室和"青年创客孵化器"，同时吸引当地企业入驻。吴房村还将举办"长三角美丽乡村论坛"等活动，并规划建设"黄桃产业体验馆"等景点，吸引各地游客。

图15 吴房村田心农创市集

图16 吴房村果酒果汁厂

（五）党建引领，村庄社会治理共建共治共享可持续

全面激发村民主动性和积极性，是脱贫攻坚向乡村振兴衔接的动力保障。吴房村在村庄建设中积极运用"美好环境与幸福生活共同缔造"的理念和方法，坚持党建引领，成立各类居民自治组织推进共建共治共享，激发村民的内生动力，调动村民的积极性。

加强党的全面领导。吴房村以"党建引领＋乡村振兴"为驱动，发挥党员的先锋模范作用，发动全村党员积极参与乡村振兴示范村建设，发动党员认领村庄公共责任区，组织参加志愿服务、扶贫帮困活动等。在针对村民集中居住问题上，开展"四百走访""大调研"等活动，党员到基层了解民情民意，同时开展以户为单位的集中居住专项调研，建立一户一档，摸清村民需求，推动集中居住。比如，党员老吴在吴房村"三块地"改革中的宅基地使用权流转签约工作中，勇于做"第一个吃螃蟹"的人，一边劝说家人放下顾虑，一边主动找到村干部完成自家宅基房的流转签约工作，并在小组内"现身说法"动员亲友四邻。在党员们的示范引领下，吴房村村民们纷纷签约流转自家闲置宅基地，有力助推了村内宅基地流转工作。

成立各类村民自治组织。吴房村组织村民建立了合作社以及村民自治小组参与村庄的各类建设与运营。引导原住村民与新村民共同成立合作社，以新村民带领老村民开设各类业态共同经营；成立村庄村民自治小组，自治小组由有一定威望、热心公共事务的骨干组成，负责本小组内政策宣传、相关事务商议及矛盾调解。自治组长每月定期向村委会汇报本小组工作，同时向村民通报组内各项工作推进情况，实现"小矛盾不出组，大矛盾不出村"。

推进共建共治共享。吴房村通过举办各类活动,拉动村民之间的关系,增加村民的归属感,调动村民参与的积极性。在开展土地流转、宅基地租赁方面,吴房村充分尊重村民的主体地位和个人意愿,积极主动地向村民开展宣传和政策解读,激发村民主人翁意识,积极引导村民和社会力量形成合力,共同参与村庄建设。同时,吴房村以共同创业、就业的方式带动村民积极参与到家乡建设运营的工作管理中来,探索形成"从外部输血到内部造血"的新老村民融合机制。

图17 吴房村村委党建联席会

第三节 多方共赢的发展之果

吴房村以"三园一总部"建设为契机,依托"产业+基金+基地+智库"模式,着力构筑以黄桃为特色的现代农业发展框架。引入名人工作室,大力开发民宿等乡村旅游,形成"黄桃+文创+旅游"农商文旅多产业、多要素融合的农村产业发展新模式。渠道联通,收益增幅增效,政府减少了投入增加了税收,企业获得了利润,村民提高了收入,村集体享有资产增值,实现了多方的共赢。

(一)企业引入

吴房村经过3年的孵化发展,以"产业兴旺"为核心,在一二三产融合基础上,大力发展总部经济,村里已入驻实体企业27余家,注册企业140余家,吸引了农创文旅、亲子研学、智能制造、医疗康养等多行业企业入驻。

(二)农民增收

在产业发展的带动下,吴房村构建"租金+股金+薪金+合作社分红"的村民收益模式。村民通过承包地流转和宅基房获得租金,其中土地流转为2200元/亩/年,宅基地租金为0.6元/平方米/日。村内保安保洁、物业餐饮等岗位帮助110名本村村民实现就业,就业岗位收入约为2.5万元/年~5万元/年。村集体可享有产业社区运营中的资产增值。村民通过参与

图18 村内桃农采摘

村庄建设，可持续性获得租金、股金、薪金、合作社分红四类收益。

（三）美好人居环境建设

农村美好人居环境的可持续，是脱贫攻坚向乡村振兴衔接的硬件保障。近年来，按照国家对扎实推进脱贫攻坚和农村人居环境整治的要求，吴房村结合村民生活品质改善及发展需要，充分考虑村庄规划后期提升，高标准实施农村生活污水处理、供水管网、公共卫生等基础设施改造。实现核心区域内智慧照明、智能水质检测、智能监控、无线网络覆盖。

（四）基础设施服务配套提升

吴房村在基础设施服务配套上下"狠"功夫，以村民生活品质改善及发展需求为导向，建设"青春里"颐养公寓、生活驿站等服务阵地，优化公共服务配套体系，搭建医疗、文教、就餐、智慧养老等多功能养老平台，满足村民多样化需求。

（五）精神文明建设

吴房村在阵地建设文化宣传上求"新"突破。打造"三治堂"，形成"党建+乡情"学习新模式、宣传新氛围，打通服务联系群众的"最后一米"。挖掘吴房"旌义文化"，梳理青溪故事、吴房掌故，编制《但说吴房》一书，展现吴房乡土文化

韵味。在推进农民集中居住上做"大"文章。依托"1+3"平台，加快产、城、乡一体化发展。建立"政策超市"，提供进城进镇、村内相对归并平移两大方向及若干个不同区域安置点、货币化置换等五条具体实施路径。

第四节　多元联动的精准之策

（一）党建引领，明确乡村发展方向

实施乡村战略，必须发挥基层党组织在农村的领导核心作用，而基层党组织领导核心作用的发挥，则应当首先表现在"突出政治功能，强化政治引领"上。作为上海乡村振兴示范村，吴房村一方面承载着破解自身困境、实现富民强村的发展目标；另一方面，也更为重要的则是为上海实施乡村振兴战略进行前期探索，形成示范。因此，吴房村党总支牢牢把握正确的政治方向，始终把实现乡村振兴作为一项重大政治任务不折不扣进行推动。同时，在具体的实践中，吴房村党总支又把夯实基层党组织与富民强村有机结合起来，确保党始终成为引领乡村振兴的坚强领导核心。比如，在发展方向上，认真学习领会党的十九大精神，以及习近平总书记关于农村基层党建和乡村振兴重要讲话精神，结合村情实际创造性抓好落实，明确了聚

焦富民强村的发展取向、工作导向和奋斗指向，扎实有效开展各项富民强村行动，坚决打赢聚焦富民强村主攻仗；再比如，在发展理念上，牢固树立以人民为中心的发展思想，深入践行全心全意为人民服务的根本宗旨，把富民强村作为主抓手和着力点，把"乡村更美、农民更富、产业更强"的目标贯穿乡村振兴全过程，让乡村振兴发展更好地惠及于民。

（二）以人为本，带动乡村人才振兴

以"人"为本，是乡村振兴发展的根本。人是乡村振兴的需求者，也是众多要素的提供者。作为乡村振兴的核心引擎，年轻人被视为"吴房模式"的灵魂所在——村里的年轻人愿意留下来，新生人才不断涌入，激发出吴房村源源不断的内生动力。吴房村通过产业吸引优秀的农业能手，经营人才、管理人才及农村金融人才回到农村，形成乡村振兴要素的良性循环。

吴房村现有一支平均年龄不超过30岁、人数近30人的年轻化管理运营团队，其中不乏海归回国以及985、211院校毕业的各条线专业人才。园区内企业的工作人员也以青年团队为主。目前，这支年轻的"新村民"队伍已经壮大至135人。他们既在这里创业，也在这里生活，新老村民融合一体，赋予了吴房村和谐向上的氛围和家一般的人情味，鼓舞着年轻的后备力量汇聚到乡村振兴的事业中来。

上海市农委、上海市民政局、青村镇党委政府、上海国盛集团四部门依托吴房村乡村振兴示基地，挂牌成立上海长三角乡村振兴人才发展中心。此人才中心旨在推进长三角乡村与地方政府、高校科研院所、社会资本等各类资源的深度合作与高效对接，着力搭建理论研究、价值传播、共建共享的功能性平台。

（三）乡贤文化，凝聚乡村振兴合力

吴房村始终将乡贤的工作贯穿在农村社会治理和乡村振兴中。村里费士杰老人有一处家传的百年老宅，在村庄建设中，费老主动地捐献自家的老宅改造为"三治堂"，作为村庄内的村史馆，其中有三厅一堂，分别是村民议事厅、乡贤议事厅、党员议事厅、道德法制讲堂，乡贤们经常会在里面议事协商或者开展宣传工作。吴群是吴房村走出去的越剧演员，看到村庄的变化，吴群主动回乡在吴房村办起了儿童越剧启蒙班，传承越剧传统文化的同时，也带动了吴房村的人气。退休老人张可均，看到村子里的环境越来越好，主动承担起了村庄内的河道清理工作，上午一圈、下午一圈，每圈2小时，日复一日地清理河道里的垃圾，默默地为村庄建设贡献自己的力量，他说，村里的环境变好了，收入也高了，由衷地为村庄的变化高兴。

图19　吴房村返乡青年

（四）因地制宜，打造上海农村新风貌

上海市郊区和乡村面积占到陆域总面积85%左右。作为城市的空间主体、城市能级和核心竞争力的战略空间，上海的乡村振兴"事关上海城市发展全局"，"是上海必须做好的一篇大文章"。吴房村位于上海南郊，距主城区仅40公里，村庄充分发挥区位优势，在建设过程中立足村落自然条件、空间形态、建筑风貌、人文特色，以城乡基础设施一体化为目标，充分保留乡村原始风貌，同时将吴房村三百多年文化融入设计理念，按照"以水为脉、以田为底、以林为肌、以路为骨、以人为本"的建设思路，全新布局和整体改造"农、林、水、田、路、桥、房"七大生态系统，标准化规范化建设饮水、用电、燃气、宽带、道路等农村基础设施，强化城乡一体化发展的基础设施保障，推动城乡要素对接、互联、融合。乡村振兴建设既要塑形又要留魂，村庄在建设中加强风貌塑造和文化传承，使吴房村真正形成具有江南水乡特征和超大城市郊区特色的上海农村新风貌。

图20　风貌改造前后对比

乡村建设者访谈

《长三角美丽宜居乡村样本（2021年）》，以下简称《样本》

访谈对象：吴房村党支部书记　秦瑛

《样本》：如今的吴房村环境美了，农民的口袋也富了，可以说是富民强村，农民口袋鼓了，主要收入来源是什么？最近几年的收入怎么样？

秦瑛：通过集中居住、房屋出租、土地流转的形式制定了一系列的安置补偿方案，给老百姓资产、资金、留用地、留财权、留股权、保收益、保分红、保就业等实惠，2021年实现一期区域内村民户均年增收7万元，其中宅基房屋租金户均3万元、就业收入户均4万元。

《样本》：进入吴房村，让人的感觉就是所见之处皆风景，请问贵村的规划设计初衷和理念是什么？

秦瑛：吴房村的整体风貌设计源于《桃源吴房十景图》，是中国画家吴山明与吴扬联袂创作。后续的整体规划、建筑、景观、风貌设计都源于那幅画。

我们村以乡村文脉为依托，取"桃花源记"的文学基调为主题，展现惬意生活的乡村特性。造园上，吸取中国园林艺术传统的造园精髓，结合现代设计手法，呈现小庭院的观赏性与文化性。

《样本》：贵村从早年的"土疙瘩"变"金疙瘩"，近三年来发展飞快，请问投入资金的来源是什么？

秦瑛：吴房村入选上海市首批乡村振兴示范村后，上海市属国有资本运营平台上海国盛集团带动社会资本，成立上海思尔腾科技服务有限公司，组织负责吴房村的建设运营。

一方面创新融资模式，借助镇属东方桃源集团公司市场化运作，以"农民相对集中居住＋相关产业开发收入＋借款人综合收益"的模式取得了农发行乡村振兴示范镇项目的金融支持。另一方面，在思尔腾科技服务有限公司等社会企业的参与下，吴房村形成了"黄桃＋IP"的"一二三产融合发展"模式。

《样本》：您认为贵村发展的成功亮点有哪些？有哪些经验值得与大家分享一下？

秦瑛：其实吴房村改造的出发点并不是希望成为旅游景点，而是想要建成一座乡村振兴产业园。建着建着，却因为风光秀丽吸引了大批游客，可谓有心栽花花盛开，无心插柳柳成荫。

吴房村充分利用吴房村乡村环境、黄桃特色农业、土地资源等现有资源优势，导入种子产业，获得发展优势，为乡村血脉赓续提供温床。一系列努力之后，村里的资产被盘活，流转起来的老房子和土地给农户带来翻了几番的收入。村里的保安、保洁和保序人员吸纳了不少农民就业，给他们带去了薪金收入；同时，村民还能从承包地流转和宅基房出租获得租金，从村集体经济合作社入股分红以及村民自愿个体入股分红获得收益。

《样本》：在推进贵村乡村建设的过程中，遇到的困难有哪些？印象最深的是哪几个？您认为有哪些经验可以跟大家分享一下。

秦瑛：当时村中的宅基房或被空置，或生活着留守老人，或被低价租给外来务工者。管理杂乱环境和留守老人问题，一度让村里"很头疼"，还有很多高空置率的宅基房，怎样盘活这些资产，让老房子和土地流转起来，又保障农民的收益，一度成为我们村里费心研究探讨的重点问题。

综合村里的现状考虑，村里通过土地流转的方式，逐步对桃农的土地进行回收，种黄桃的整个产业链将交由村里统一管理，不仅如此，只要村民愿意，还能将宅基地也一并流转给村里，用来建造或改建民宿。村里通过统一引入第三方评估机构对房子进行评估，年久失修的房屋就拆后重建，新一点的房屋则在原来的基础上进行改建，最后建成一批外观风格统一的民宿。土地流转后，桃农的收入有保障。主要有房屋流转收入、土地流转费的收入，还有股份的收入。

专家点评

聚焦三大要素，谱写美丽乡村新篇章

土地、人才、资金流动不畅是阻碍农业农村发展的主要梗阻，吴房村在人才、资金和土地的问题上进行了积极的探路。

聚焦支撑——"钱"，助推资金扶持到位。 上海市属国有资本运营平台——上海国盛集团带动社会资本，共同成立上海思尔腾科技服务有限公司，组织负责吴房村的建设运营，形成了具有专业开发经验的市场主体与村级、镇级集体经济共同参与开发运营的模式。

市场主体的深度参与带来了资本、资源的高度集聚，推动各类优质资源资本集聚辐射乡村振兴。除了首期项目的投资外，各市场主体后续还将以基金为通道，继续整合国有资本、社会资本、政府等多方力量。通过市属两大国有资本运营平台之一，国盛集体牵头成立组建"长三角乡村振兴基金"。首期基金启动运作后，将把吴房村的模式推广输出至其他的乡村建设开发中。

吴房村引入国有资本，吸引社会资本，盘活集体资产，解决了乡村振兴中的大难题。

聚焦载体——"地"，助推用地保障到位。 在市场资本进入吴房村以前，吴房村唯一拿得出手的，就是1447亩农用地和481户空置率极高的宅基地。吴房村试水产业转型，通过土地流转的方式，逐步对桃农的土地进行回收，黄桃的整个产业链将交由村里统一管理，不仅如此，只要村民愿意，还能将宅基地也一并流转给村里，用来建造或改建民宿，同时吴房村还启动策划、规划、设计、施工，打造了一个集创意、文化、旅游、休闲于一体的多功能产业综合体项目，将吴房村3个村民小组61户宅基实施流转，盘活大量可用宅基地，从而得以注入大量新的业态。村落景观和自然生态的有效结合，既改善了村居环境，也能让游客体验新的农业业态带来的休闲娱乐。吴房村土地流转后，桃农的收入也有保障。

聚焦核心——"人"，坚持人才振兴推动乡村振兴。 乡村振兴，关键在人才振兴。吴房村通过"筑巢引凤"，让村里的年轻人愿意留下来，同时新生人才的不断涌入，激发出吴房村源源不断的内生动力。通过产业吸引优秀的农业能手，经营人才、管理人才及农村金融人才回到农村，形成乡村振兴要素的良性循环。上海市农委、上海市民政局、青村镇党委政府、上海国盛集团四部门依托吴房村乡村振兴示范基地，挂牌成立上海长三角乡村振兴人才发展中

心,旨在推进长三角乡村与地方政府、高校科研院所、社会资本等各类资源的深度合作与高效对接,着力搭建理论研究、价值传播、共建共享的功能性平台。

实施乡村振兴,绝非一朝一夕之功,也不可能一蹴而就,统筹解决好资金、土地、技术、人才等要素,一步一个脚印按照绘就的美好蓝图,有计划有步骤地实施至关重要。乡村振兴的号角已经吹响,唯有坚定信心苦干实干、撸起袖子加油干,方能为全面实现农业强、农村美、农民富的乡村振兴开好局、走好新路,谱写新时代乡村振兴的新篇章。

王晓敬

浙江长三角城镇发展数据研究院院长

第二章 三生乐土，魅力伏虎

上海市嘉定区徐行镇伏虎村

样本概况

伏虎村位于上海市嘉定区徐行镇北部，村域面积3.29平方公里，距离嘉定城区约3公里，西邻嘉行公路，东临澄浏公路，其中宝钱公路东西向横贯全村，对外可经沈海高速、上海绕城高速、沪嘉高速等快速抵达上海中心城区，区域交通便利。伏虎村现有常住人口1600余人，其中农业户籍人口1400余人。2020年12月，伏虎村荣获"上海市美丽乡村示范村"称号。2021年11月，伏虎村被确认为"全国村级议事协商创新实验试点单位"。

伏虎村村名由来已久，相传古时伏虎

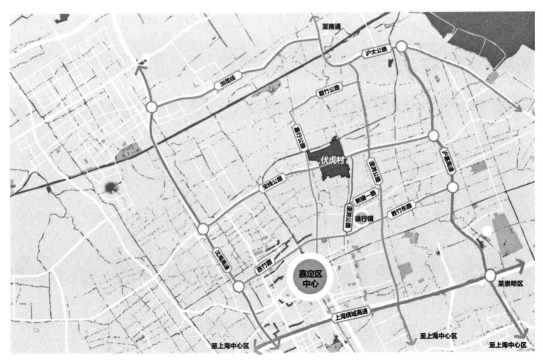

图1 伏虎村区位图

村受到老虎威胁，村民自发修建了华藏禅寺（原名北伏虎庙），内部供奉唐朝名臣狄仁杰，之后由于成功驱虎，便被称为伏虎村。后经时代演绎，村庄文化信仰慢慢与当地民俗文化、民众生活相结合，其演绎而成的虎形雕刻图案，被广泛应用到伏虎村部分民居、老宅建造中，继承和发扬其传统文化。

图2　村内华藏禅寺（原名北伏虎庙）

样本建设情况解读

第一节 四化一体，高标准打造伏虎样本

伏虎村具有江南典型"粉墙黛瓦""小桥流水"的居住环境、田园水乡的农耕环境、含蓄柔婉的民俗民风，有良好的新时代美丽宜居乡村发展基础。在乡村建设方面，伏虎村创新提出"四化一体"战略目标，旨在将伏虎村打造成为现代农业综合体、上海市乡村振兴示范村、嘉定区现代农业创新高地、徐行镇绿色宜居活力村。

用地集约化——推动农村土地升值，用地空间优化。通过引导农民适度集中居住、零散工业用地转型升级，带动伏虎村空间优化、用地集聚，助推特色产业导入，带动土地价值提升。

农业多元化——改变原有传统耕种模式，产业化开发实现多类增收。通过以第一产业为主的三产相互融合，实现传统农业到高效农业、设施农业、旅游农业的发展，推动乡村经济发展，为农民增收创造更多途径。

环境景观化——实现农村环境整洁、农民生活宜居。生活环境景观化，满足村

图 3 伏虎村整体风貌

民和游客重视追求高质量的物质和精神生活需求，打造经济适用、乡土特色、安全舒适、生态良好的人居环境。

农民职业化——培养新型职业农民，提供就业岗位，实现青年返乡。通过外来产业项目的入驻，给予当地伏虎百姓更多的就业职位和机会；通过就业培训、返乡创业帮扶，促进本村人才回流，带动全体农民增收。

第二节　多措并举，做好乡村振兴大文章

（一）全域土地整治优化总体空间格局

伏虎村通过土地整理、疏通水系、归并宅基用地，将分散的各类用地按照功能要求进行有序适度集聚，形成"一带两核、一轴三区"的总体发展格局。"一带"即沿伏虎路串联北部产业集聚核和南部田园景观核形成产业联动发展带；"两核"指宝钱公路北部的产业集聚核和南部的田园景观核；"一轴"是指沿宝钱公路结合游客中心、停车场等集散中心形成对外交通联系轴；"三区"包括以现代农业产业集聚发展为主的现代农业导入区、以乡村生活空间展示为主的绿色宜居践行区和以水乡艺术田园观光为主的水乡田园体验区。

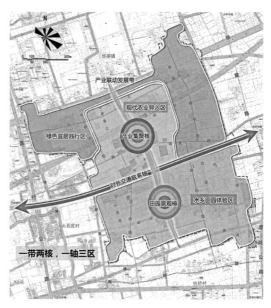

图4　伏虎村总体布局

（二）借力社会资本推动一二三产融合发展

伏虎村通过引入社会资本，实现农业转型升级。在高标准农田培育、果蔬种植、农业研发等方面引入专业化的农业品牌或企业，进行规模化农业生产。在此基础上，借助得天独厚的田园生态及文化底蕴优势，进一步保持和强化自身传统乡土环境，以现代农业全产业链为核心塑造乡村旅游特色，整合乡村文化资源，打造嘉定区乡村农业旅游重要目的地。引进拥有先进科技的品牌企业，建立农+旅+企多方合作机制，构建产业体系，打造整体品牌，形成大农业、大旅游产业发展格局，以乡村旅游配套农业发展带动乡村三产发展，致力于实现农业、生活、旅游的融合发展。

（三）乡村旅游助力产业升级与农民收入提升

伏虎村以发展乡村旅游经济为突破口，通过集约化经营、市场化运作、品牌化塑身等手段，推进乡村旅游差异化、特色化发展。乡村旅游项目开发运营为伏虎释放出较多的就业岗位，通过房屋出租、企业用工，村民在自己家门口实现创业致富，进一步提升了村民收入水平。

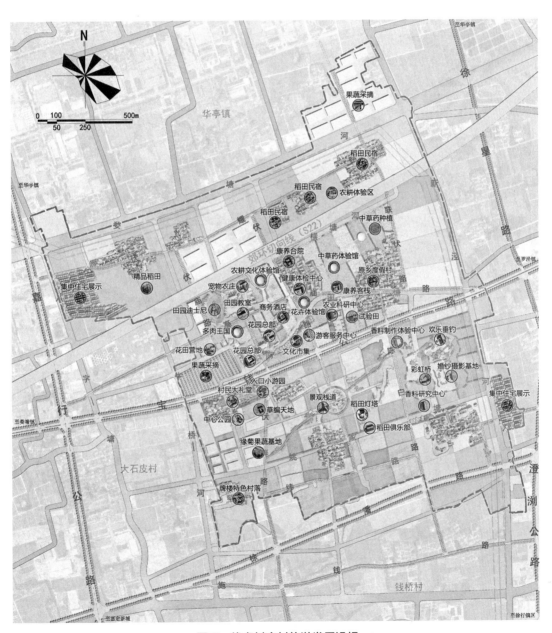

图5 伏虎村乡村旅游发展设想

（四）多措并举有序引导土地集约节约利用

伏虎村现状宅基地存在总量偏大、布局散乱、利用率低、破旧空置等问题。对此，村庄以村民自愿为前提，通过入户调研深入了解村民意愿，采用撤并上楼、平移归并、保留居民点等多种举措推进宅基地集约利用。同时对重要景观节点及污染较大的低效工业用地实施还耕；对有开发利用价值的低效工业用地转型升级为乡村旅游用地，提升土地使用价值。

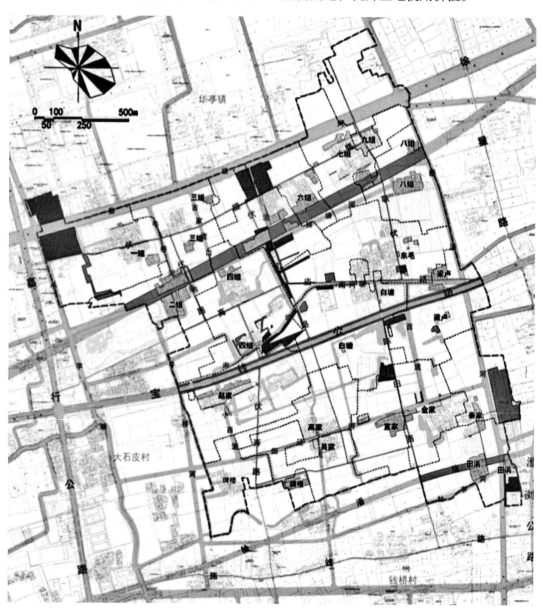

图6　伏虎村建设用地开发利用方案示意

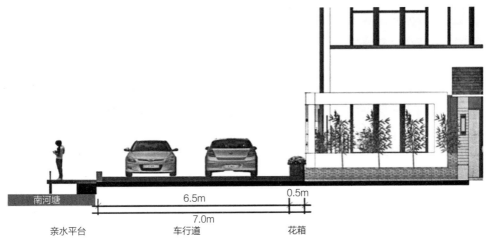

图 7 伏虎村高庙路改造方案

（五）充分满足村民生活及乡村旅游的双重需求

村庄采用集约利用、分类配置的原则，对村委会、社区卫生服务站、多功能活动室等功能相近、使用频率较高、可兼容设置的公共服务设施，在建筑垂直层面综合一体化配置，形成公共服务中心，方便村民日常使用。同时按照必配公共服务设施、高能级公共服务设施及其他补充性功能设施三级分类，对现有闲置用地与房屋进行改造升级，以满足村民生活及乡村旅游的使用需求，具体包括利用九组闲置用房改造成村文化活动室，利用赵家闲置仓库改造成综合服务用房，在伏虎路以西、宝钱公路以北新增一处游客服务中心。

（六）乡村特色农村道路改造

伏虎村在满足交通需求的基础上，重点考虑出行需求，将道路横断面改造与提升人居品质、发展乡村旅游相结合，因地制宜体现乡村特色。如针对高庙路南侧紧邻南河塘、北面局部路段紧邻东毛村组的特点，规划设计采用不对称横断面形式由原4~5米拓宽至6~7米，在南侧增设亲水平台，在北侧临近院墙增设花箱，节约土地的同时有效提升了道路景观，也为村民日常休闲生活提供了休闲空间。

第三节 绿色发展，绘就"三生"伏虎

（一）建设环境生态优美、田园风光宜人的乡村生态乐土

1. 保护与规模化发展农用地

严格落实上位规划确定的伏虎村基本农田保有量指标。村庄开发建设不占基本

农田,优化农用地布局,促进农业规模化发展。村庄顺应现代农业发展需求,增设农机仓库、农田水利设施等,并根据农业产业总体布局调整灌溉农田区域。

2. 水系综合治理与开发利用

伏虎村主要将河道的驳岸形式分为自然驳岸和人工驳岸两类进行分类建设,并同步建设雨水花园来提升水系调蓄能力。根据基底特征,村庄通过沿水系植入多功能休闲节点丰富村民和游客的游憩空间,创造亲水宜居的田园氛围。因地制宜选取乡土材料、植物,打造差异化、特色化的水系景观空间,重塑乡野生活。通过水系设计引导,营造"河畅、水清、岸绿、景美"的江南水乡韵味。对部分河道进行拓宽、新建、串联,贯通完整水系脉络,重塑伏虎村乡野水岸、河滩,打造田园滨水的多功能休闲、生活空间。

(二)打造以现代农业为主导,以科技为支撑的乡村生产乐土

伏虎村以促进农民增收为核心,以现代科技、乡村旅游、田园康养三大产业为方向,发展"1+3"产业体系,打造一二三产融合发展的伏虎村现代农业综合体。

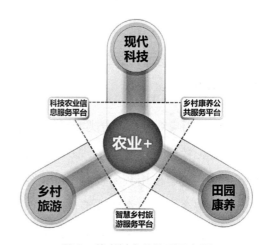

图9 伏虎村产业体系示意图

依托现状产业布局,结合区域及本村产业发展趋势,将村庄整体划分为活力双创区、康养度假区、市民农庄、田园硅谷、田园体验区、田园归居、特色村落、现代农业展示区、香料文化体验园九大产业分区。

活力双创区是指通过成立大型农业专业合作社、农业龙头企业等方式,形成具有全国影响力的现代农业总部经济基地,打造从生产、研发、加工、销售为一体的

图8 伏虎村生态保护与利用规划简图

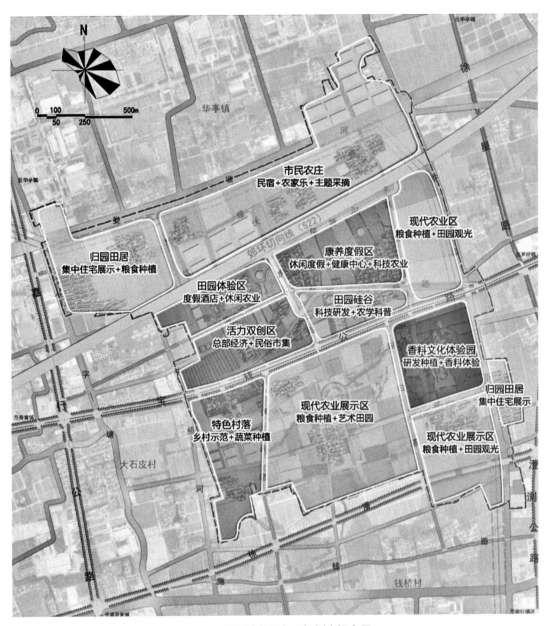

图 10 伏虎村产业发展规划空间布局

农业全产业链。同时依托伏虎村文化资源，集聚乡村创客产业资源，以大师工坊、伏虎庙会、非遗手作等为主要业态，打造上海特色民俗市集。具体包括游客服务中心、文创市集、花园总部、花田营地、多肉王国、农耕文化体验馆等。

康养度假区是指依托伏虎村良好的田园生态资源，以江南水乡"合院"建筑风格为载体，营造一种"静"的氛围，以农作、农事、农活为生活内容，倡导食养、药养，达到回归自然、修身养性、康体疗养的目的。伏虎村主打以生态康养、乡村旅游、民宿旅居、健康管理、生态农业观光种植等于一体的乡村康养综合体验项目。具体包括康养合院、健康管理中心、原乡度假村、中草药种植园等。

田园体验区主要打造宠物主题农庄，并配套宠物特色商品店、咖啡屋、萌宠乐园、宠物艺术培训教育等商业配套。同时以四季水果采摘园为依托，引入水果主题的无动力游乐设施，形成果园与乐园融合发展的新创意景点。具体包括宠物农庄、花卉制作体验馆、田园教室、田园迪士尼等。

田园硅谷主要依托农业科技企业打造村庄"互联网＋农业"试点，着力推进农业互联网技术应用，建立示范田及设施农业等物联网应用体系，推进伏虎村智慧农业整体示范。同时依托农业总部经济的辐射作用，积极衔接智慧农业生态旅游体系，打造"旅游＋农业"产业链条。具体包括农业科研中心、试验田等。

特色村落主要立足江南水乡基底及历史文化印迹，以"西部田园"建设为契机，对现状赵家、牌楼两个小组进行保留提升，在保留村组原有格局和生活风貌基础上，实施乡村环境保洁、优美庭院创建、住房立面粉饰、特色墙体彩绘、公建配套提升、乡土文化建设等一系列综合整治措施，打造展现水乡特色、富有文化内涵、突出产业特色的美丽乡村示范点。具体包括入口小游园、村民大礼堂、赵家中心公园、缘菊果蔬基地、草编天地等。

香料文化体验园主要依托上海市乡村振兴示范村建设和乡村旅游发展，对现有爱普香料园进行产业转型，在保留研发、种植的基础上，对园区进行景观提升、旅游功能性融入，拓展香料体验、生态休闲、摄影旅游等功能，助推园区实现一二三产融合发展，有效融入伏虎乡村旅游格局。具体包括香料制作体验中心、香料种植园、欢乐垂钓、婚纱摄影基地、彩虹桥、碉堡眺望台等。

现代农业展示区主要通过大地景观渲染，将乡村印象摹写于自然环境、农业生产以及人居环境中，同时植入休闲野逸的旅游休闲业态和必要的配套设施，打造"高颜值"田园风光，充分展现伏虎村悠然水乡、乐活田园、魅力乡村的形象。具体包括景观栈道、稻田体验区、稻田俱乐部、稻田灯塔等。

市民农庄主要是利用村里部分民宅作为都市居民"第二居所"，提供养生居住、周末度假等多元的模式，并在此基础上利用田园环境发展农业观赏、亲子游乐、主题采摘等互动体验项目。具体包括稻田民宿、田间耕作体验、果蔬采摘等。

归园田居作为今后村庄集中居民点，

沿袭了具有江南水乡风韵的空间布局和建筑风格，通过统一规划、统一设计、自主联合建设，整体提升了乡村风貌和农房建筑设计水平。具体包括回迁集中农宅、粮食种植等。

（三）绘制乡土气息浓郁、文化韵味丰富的乡村生活乐土

村庄整体风貌采用人工与自然融合，"点、线、面"相结合的手法，理水筑居、建园显文，将伏虎村塑造成为上海江南田园特色风貌示范点。

1.明确新建农房建设指引

村庄新建农居注重乡村乡土性及村民现实需求，在延续伏虎村原有传统建筑风貌的同时打造满足现代生活方式的新型农村居民生活环境。以传统建筑色调为底，局部通过色彩和装饰变化提升民居的丰富性。鼓励以"白墙、黑瓦"为基调，通过对窗花、白墙、黑瓦、庭院等江南田园特色元素提炼组合，挖掘和传承江南水乡独特的建筑元素，使整体建筑在现代生活中透着传统江南水乡的亲和感。立面材质以本土材料为主，局部带有建筑木构装饰。围墙鼓励采用卵石墙、竹笆墙、石墙为主，形成半透明的院墙形式，进一步体现田园建筑生态性。合理布局院落结构，加强与建筑布局的有机结合，同时强化入口设计、活动空间设计。

图11 伏虎村新建农房

2.既有农居改造升级

通过改变立面外观、院落结构，与周围改造民居建筑风貌取得和谐。挡、刷兼修，拆除前排一层附属建筑，重点对院落空间进行设计、美化，对建筑立面进行粉刷，统一风貌。沿路设置花槽，丰富居民住宅观赏性，将农房与村落公共生态空间延续一体。拆除居民楼前闲置构筑物，利用院落蔬菜种植使农房与农田之间的空间形成和谐过渡。

图12 伏虎村保留农居改造

3. 打造乡愁公共空间

按照尊重场地为根本、环境提升为重点、功能置换为特色的原则，通过用地整治、场地铺装、形象标识、设施配套、景观绿化等元素一体化设计，打造经济、乡土、自然、舒适、亲切且具有文化内涵的乡愁空间体验场所。如宝钱公路与伏虎路交叉口，作为伏虎村重要交通节点和整体公共空间序列的起点，村庄对入口节点的景观、标识系统、游客服务中心等进行一体化设计，既展示了村庄乡土文化，又完成了直观的标识指引。

图14　伏虎村街巷空间整治

图13　伏虎村公共空间打造

4. 村巷宅前空间整治

原伏虎村多数村组巷道内路面、环境现状和景观风貌较差，村庄通过将两侧原有散乱的菜地、闲置地进行景观化处理，规范种植蔬菜、花卉，同时对两侧墙面进行粉饰，有效提升了村巷景观环境。

村庄宅前空间按照多样统一、保持韵律、控制尺度、加强联系、提升趣味等原则，利用卵石自然堆砌或采用木质栏杆进

图15　伏虎村宅前空间整治

行休闲空间围合形成美观、实用的矮院落景观空间，庭院内侧以景观造景为主，外侧可合理进行景观和蔬菜种植搭配。此外，对部分宅前原有健身场地采用硬化地面改造、增设文化墙绘等方式提升空间美观性。

5.系统设计乡村标识

提取伏虎村传统民居墙雕元素（虎形石雕），融合田园水乡的柔美以及江南民居建筑的传统神韵，塑造伏虎村水墨淋漓、意境清隽的文化品牌。

图16 伏虎村标识设计

第四节 特色试点，共创伏虎美好生活

（一）强化规划引领，建筑、景观、标识一体化设计

根据已编制完成的《上海市嘉定区徐行镇伏虎村村庄规划》，整体上把握村庄未来发展的方向，完善基础设施；规划、建筑、景观、标识的一体化设计理念让村庄规划从整体到细节实现全方位设计，为乡村建设提供全方位规划设计引导。

（二）多方位深入沟通，提高农民群众的思想意识

乡村建设过程中，建立了各级政府、村委及村民之间多层次的沟通机制，聚焦常见的建设难点问题，比如部分村民看重眼前个人利益，理解支持度不够；部分村民在涉及自家违法建筑拆除、改水改厕、房屋环境整治时，以个人理由阻挠工作进行。通过沟通机制，有效解决了村民各种疑虑，保证乡村建设的顺利进行。

（三）打造"白墙黛瓦""海派田园"生态宜居环境示范样板

伏虎村通过选取建设基础较好的赵家作为农村人居环境整治的突破口和示范样板，带动村民乡村建设积极性。样板主要

图 17 伏虎村全景鸟瞰图

图 18 在乡村规划设计中开展多种沟通方式

图 19 环境改造提升效果展示（一）

图19 环境改造提升效果展示（二）

传承民居、河道、农田、旁林构成的江南村落传统机理，以"白墙黛瓦""海派田园"风格规范村庄建筑风貌，为全村的人居环境改造发挥了积极示范带动作用。

（四）远景蓝图与近期行动相结合，有序推进乡村振兴

强调乡村振兴战略远期发展目标的蓝图控制与引导，注重近期建设的具体安排与落实，综合考虑建设项目的实施难度、投入效益、投资主体、资金平衡等确定建设时序，分期实施、有序推进，保障项目的顺利落地。

（五）产业引入与乡村建设同步，促进乡村建设可持续进行

积极构建"政府+集体+企业+村民"的多元发展体系，以产业带动、多方参与、经济可行的方式建设村庄，实现"乡村美、农民富、产业强"的目标。引导低效"198"工业减量再利用，通过土地整理实现乡村产业升级和土地资源优化配置。

（六）确定多元化投入长效机制，确保乡村振兴落地实施

推动乡村振兴项目建设，建立健全"政府主导、群众主体、社会力量广泛参与"的多元化投入长效机制。形成财政资金、政策性银行资金、商业性金融机构资金以及民间资金、私有资金、外资等多层次多渠道的资金体系。其中财政资金主要投入到民生保障类、生态建设类等项目领域上；政策性银行资金期限长、利率低，主要支持村庄基础设施建设以及水电路的资金需要；商业性金融机构（包括农村信用社）由于需要让投资人获得回报，主要支持效益好、前景广阔的农业企业发展，给农业经济发展提供强大的资金支持；其他回报较高的农村大型建设项目则需要民间资金、私有资金、外资的支持。

（七）多元化资金保障是乡村振兴有效推进的基础

乡村振兴建设资金投入较大，多元化资金保障是乡村振兴可持续推进的基础。一是在乡村建筑景观环境的前期开发建设和后期运营维护全过程积极引入社会资本，改变现有政府筹资为主的单一模式，缓解镇村资金投入压力；二是制定现实可行的乡村振兴和乡村建设计划，建立项目计划表与近期建设项目库，将资金计划与项目计划挂钩，逐步有序推进乡村振兴落地；三是整合相关政策红利，积极利用相关政策配套资金集中建设若干示范点，以点带面地有效推进乡村振兴。

乡村建设者访谈

访谈对象：伏虎村党总支书记 徐文明

《样本》：伏虎村引入社会资本，助推一二三产融合发展，村现在支柱产业有哪些？村集体收入近三年主要来源是哪些？

徐文明：伏虎村产业以一产为主，一产主要为水稻、果蔬、香料种植和渔业养殖；二产主要为198地块工业企业，目前多数企业已完成清退；三产以百果园、爱普香料和农民自主经营为主。

村庄集体经济收入来源主要依靠村庄工业的企业土地、厂房租金。

《样本》：刚刚提到的村集体产业收入，产业权属的关系（村自营企业／哪些是村自营企业）？

徐文明：我们村的企业基本上都是将土地出租给个体企业经营，我们村集体主要通过收取土地租金获益。但根据上海市低效建设用地减量化工作的要求，本村内的农村工业用地将逐步减量，我们村拟将腾退后的存量工业用地转型发展乡村旅游和现代都市农业。

《样本》：伏虎村集体收入得到了很大的提升，现在伏虎村民收入主要来源是什么？每年村里会给村民提供哪些福利呢？

徐文明：村民主要收入来源是到镇区等地的打工工资收入。

按村民意愿，首先我们村里改善了道路状况，包括道路拓宽、拆除路边违章搭建、提升道路通达性等；其次，清理宅前屋后垃圾，改善村庄卫生状况；第三，于道路两旁种植绿化、统一粉刷房屋外墙，美化环境，保持村容村貌整洁；第四，做好河道清洁工作，解决河道发臭问题。

《样本》：您认为伏虎村发展的最成功亮点有哪些？有哪些经验值得其他村庄学习借鉴的？

徐文明：伏虎村发展的亮点是我们选取了一个建设条件比较成熟的村民小组做为农村人居环境整治的突破口，通过村庄入口景观、公共空间的整治提升、墙面的美化等工程，显著改善了农村人居环境。老百姓亲眼看到自己的居住环境明显改善，会更加积极主动支持我们的相关工作；同时也明显带动了其他村组通过规划设计改变居住环境的积极性。

给其他村庄的相关经验建议是一定要重视规划，专业团队编制的村庄规划可以从全局把握村庄未来发展的方向，给村庄发展从整体到细部提出全方位的专业性对策建议。

《样本》：伏虎村当前最让您印象深刻的困境是什么？

徐文明：现在乡村建设的资金压力比

较大大：一方面对于已建设完成的道路、建筑景观环境、公厕等设施，后期运营维护需要大量资金保障；另一方面，村庄要进一步实施乡村振兴其他项目，也需要大量的资金投入。

《样本》：您认为伏虎村在发展过程中遇到过哪些机遇和挑战？

徐文明：伏虎村的发展机遇是2020年底荣获"上海市美丽乡村示范村"称号给伏虎村带来更大知名度，乡村旅游具有比较好的发展前景。

未来发展挑战是伏虎村与周边其他村的乡村旅游资源比较类似，今后可能面临比较大的竞争压力。

专家点评

腾飞蝶变,打造魅力新伏虎

伏虎村乡村振兴工作紧密结合上海超大城市特点,以突出伏虎村优质、绿色、特色为目标;以现代化农业生产、经营为动力;以加大村庄建设用地存量盘活和布局优化为手段;以乡村人居环境整治为保障;加快打造具有江南水乡特征和大都市郊区特色的上海农业农村新风貌,推动乡村振兴战略落地见效。

(一)推进乡村振兴的特点

1. 生态保护与文化挖掘相结合。 优先做好生态保护工作,保持田园风貌,挖掘历史文化资源,注重乡村文化传承。

2. 用地优化与集约发展相结合。 分类梳理、引导农村居民点建设和工业用地减量、转型,实施减量化发展,促进土地集约高效利用。

3. 乡村建设与产业发展相结合。 积极构建"政府+集体+企业+村民"的多元发展体系,以产业带动、多方参与、经济可行的方式建设村庄,实现"乡村美、农民富、产业强"的目标。

4. 尊农重农与公众参与相结合。 坚持以人为本,尊重村民主体地位,重点研究村民拆迁安置、乡村环境整治与产业经济扶助,保障村民根本利益。

5. 蓝图展示与行动落实相结合。 村庄远期发展蓝图控制、引导与近期建设相结合,科学制定分期建设时序,保障项目的顺利落地。

(二)乡村振兴的可借鉴之处

1. 强化规划引领,建筑、景观、标识一体化设计。 乡村振兴工作以《上海市嘉定区徐行镇伏虎村村庄规划》为指导,规划、建筑、景观、标识的一体化设计理念,为乡村振兴提供全方位建设指导。

2. 以点带面,积极有序推进乡村振兴。 基于现状条件,选取建设基础较好的赵家作为乡村振兴的突破口和示范窗口。乡村建设中积极融入乡土文化、地方特色,农村人居环境得到大幅度提升。通过土地整理,实现乡村产业升级和土地资源优化配置。同时,面向市场,积极引进社会资本,努力实现一二三产业融合发展,激活乡村发展内生动力。

3. 注重产业引入,促进乡村振兴可持续进行。 以"农业+"为驱动,以农民增收为核心,以现代科技、乡村旅游、田园康养三大产业为功能载体,全力打造伏虎村"1+3"产业体系:农业+现代科技、农业+田园康养、农业+乡村旅游。

4. 引入社会资本，推动产业转型升级。 在现代农业、乡村旅游等方面引入专业化的农业品牌或者企业，引导现代农业产业规模化、集聚化发展；鼓励社会资本积极投入现代农业产业化发展、引导社会资本以农兴旅、以旅促农。

5. 注重特色风貌塑造，提升乡村吸引力。 伏虎村整体风貌形象定位为"水墨福虎"——"水"：营造"河畅、水清、岸绿、景美"的江南水乡韵味；"墨"：保留"轻、秀、雅"的江南雨墨建筑风韵；"福"：整治乡村交往空间，提升村民获得感、满足感、幸福感；"虎"：重塑伏虎村精神文化图腾，提升乡村文化气息。

6. 强化公共服务设施一体化建设，提升村民幸福指数。 将村委会、社区卫生服务站、多功能活动室等使用性质相近、使用频率较高、可兼容设置的公共服务设施，在满足使用功能互不干扰的前提下，在垂直层面综合配置，形成公共服务中心，方面村民日常使用。同时，对现有公共服务设施进行增设、优化，最大化满足村民和今后乡村旅游使用需求。

7. 项目分类实施，稳步推进乡村振兴。 根据建设实施主体不同，将伏虎村乡村振兴实施项目进行整体打包分类，交由不同责任主体组织实施，确保振兴项目可以落地实施。主要分为乡村振兴产业类、民生保障类、生态建设类、村庄整治类等。

8. 开发与利益分配机制协调互动，推动乡村振兴项目落地。 按照"政府主导＋整体运营＋项目经营＋农户参与"的路径，打造政府信托平台＋运营企业＋项目经营商＋农户开发模式，构建企业、合作社和农民利益联结机制，带动农民持续稳定增收，政府税收收入、企业开发收益。分配机制由政府、农民、村集体与开发企业四个组织主体参与组织，构建一个合理的、多方利益均衡发展的可持续利益分配机制。

9. 构建多元保障机制，确保乡村振兴落地实施。 强化用地保障机制，推动伏虎村盘活使用农村存量建设用地；强化资本投入保障机制，积极鼓励引导社会资本投入伏虎村乡村振兴的经营性、准经营性项目；强化人才保障机制，加快促进在外年轻群体返乡创业等扶持政策，打造内生动力，培育伏虎村新型职业农民队伍。

陈铁峰
上海经纬建筑规划设计研究院
股份有限公司副院长

第三章 塑境长埭，共享未来

浙江省杭州市西湖区转塘街道长埭村

样本概况

长埭村地处浙江省杭州市西湖区转塘街道龙坞片西南，近邻国家之江旅游度假区，距离杭州市中心15公里。全村有长埭路南、长埭路北、大山脚、孵鸡湾、达公园、柯村、天平山、杨府新苑等8个自然村。全村农户360户，总人口1521人。因村域面积狭长，且地形奇特，像只泥埭，故名长埭。

图1 长埭村鸟瞰图

长埭村先后被评为浙江省美丽乡村美育村、浙江省卫生村、浙江省善治示范村、浙江省 AAA 级景区村庄、省级引领型农村社区、杭州市完善型农村社区、杭州市田园社区示范点、杭州市"美丽庭院"示范村、杭州市生态村。

长埭村村内旅游资源丰富，有西山国家森林公园白岩山（又称龙尾巴山）、大山脚、天平山和鹭鸶岭，还有胡雪岩墓（清代著名商人）、龙尾巴水库、青石桥水库、双泥池水库等文化旅游景点。在春夏之际，茶园茶山一片翠绿，茶香萦绕满村，景色优美。部分艺术家定居在长埭以便开展艺术创作，因此长埭村也孕育了不少艺术品牌。基于以上各种资源基底，长埭村村委锚定"一村一品"的发展思路，明确"茶＋艺术"发展定位，积极开展项目申报，推进未来乡村及数字乡村建设，力争打造共美共创共富乡村。

图 2　长埭村茶园全景

图 3　长埭村夜景

样本建设情况解读

第一节 多方入手,美丽乡村奔"富"未来

(一)传统产业迈向现代化发展

长埭村村民世代以种植西湖龙井茶作为主要农业生产方式,村内有史可查的茶叶种植历史超过300年。村庄西湖龙井茶园占地面积1468.65亩,其中西湖龙井"群体种"300余亩,"龙井43号"1160余亩。由于茶山坡度较高,面积较大,加之茶叶采摘的特殊性等因素,村民大都采用传统人工采植方式栽培、采摘茶叶,没有运用大规模现代化手段开展作业,所以不仅茶叶产量、质量难以稳定,村民工作压力也相对繁重,造成了较高的人工成本。

图4 长埭村茶叶采摘

对此,在转塘街道的支持下,长埭村立足实际,以产销绿色、无公害西湖龙井,宣扬茶产品品牌为目标,开展建设西湖龙井绿色生态茶园,实行标准化绿色生态防控,创新"传统+科学"的茶叶种植、管理模式,推动乡村产业发展。

具体做法包括:长埭村与浙江大学茶学院密切合作,开展智慧茶园建设,完善茶园汀步道等基础设施。开展全村域无人机植保飞防,确保茶园全覆盖,减少污染,提高工作效率。建立茶园害虫智能检测防控体系,安装联网型太阳能杀虫灯74盏,减少农药的使用。统一采购发放菜籽饼有机肥,确保茶叶品质。村内配备植保员专管,修建茶园作业道和抗旱蓄水池,便于

图5 无人机喷洒农药

图6 茶园数字平台宣传

对茶园直接进行养护和管理。运用大数据系统，构建统一的茶产业信息库，可及时获取茶叶市场最新信息及茶叶价格动态变化曲线，掌握第一手市场信息。加强茶叶质量统一管理，借助网络电商等媒介拓宽茶叶市场销路，除当地设置的可供市场流通交易的西湖龙井茶叶市场、九街等，长埭村还专门聘请网络电商专家来村进行网络电商、直播带货等技能培训，帮助茶农在淘宝、京东等平台开展电商销售。

每年春茶上市季节，西湖区农业农村局都会统一发放西湖龙井防伪标识，本村茶农在长埭村村委会内的茶农自助一体机上输入茶农证信息即可申请防伪标识，一体机会根据该茶农的茶园数量及产量等信息为其核发相应的西湖龙井防伪标识（茶农标），顾客直接扫描防伪标识上的二维码便可查询茶叶生产地、生产日期及生产茶叶的茶农信息，可有效防止市场上"仿冒龙坞龙井茶叶"的出现。

在区委区政府和街道的支持下，在长埭村委与各位村民的共同努力下，长埭村的茶产业发展有了全新的面貌，不仅大大节约了茶叶生产、采摘成本，提高了销量，更极大拓宽了茶叶产品的销售路径，带动了村民茶叶销售收入增长。仅2021年，村民茶叶销售收入已同比上涨20%，乡村游客人数上涨200%，茶产业的快速发展帮助村民实现了经济富裕。

（二）重视推进人居环境整治提升

长埭村村境内自然环境优美，旅游资源丰富，随着村整体经济水平的提升和村民收入的增长，一些问题也逐渐暴露出来：如村内游客数量逐渐增长，游客随手丢弃大量垃圾得不到及时处理；村公共用地内常有人倾倒垃圾而无人监管；村干部及村委会工作人员维护公共卫生的职责不够明晰，仅靠个别干部无法对全村环境进行有效监管等。

对此，长埭村党支部和村委会采取专项措施，开展村内环境整治工作。村内针对性地成立以党支部书记为组长，村两委班子成员为组员的环境治理领导小组，划片包干、落实责任，对包片责任区每日进行一次检查，通过拍照查找问题、发现问题、并逐一落实整改。利用网格化管理方式，每日巡查并上报各区块内环境情况及问题整改情况，实现全村全覆盖，不留死角。另一方面，村两委多次召开专题动员大会，广泛深入地开展垃圾分类、长效管理等方面的宣传工作。村内还专门成立党员和村民监督小组，利用微信朋友圈等媒介，增设曝光平台，自觉接受群众监督。村内党员同志与村内艺术家委员会合作对村内环境建设统一筹划，激发村民参与乡村环境建设积极性，创建乡村人居环境典范。

图7　召开专题动员大会

图8　长埭村艺委会

长埭村自2016年启动美丽乡村建设以来，通过项目创建开展全村环境整治，整治内容涵盖了各种领域。包括村内道路全部完成管线整治，并铺设沥青；村民生产生活污水全部进行截污纳管，农村生活污水基本处理到位或者纳入市政管网；完成强弱电上改下、天然气入户全覆盖；对村民家外立面进行立面整治，对庭院进行改造铺装，在各自然村中新建公园节点，并对道路两侧，村民庭院进行绿化，打造了一批以大山脚樱花大道为代表的景观节点。

（三）推进乡村产业多元化发展

长埭村力主打造茶叶特色品牌，旗枪茶是当地特有的一款茶叶品种，种植历史悠久。相传一百多年前，清朝末期，左宗棠曾来到长埭村拜访商人胡雪岩，胡雪岩请左宗棠品尝刚采摘下的龙坞新茶，左宗棠饮后赞不绝口，由于观此茶叶泡开后芽似枪、叶似旗，遂左宗棠为该茶叶取名"旗枪茶"，该名一直沿用至今，并且为海内外所熟知。

图9　长埭村特色产品——旗枪茶

村庄根据区位优势等特点，以"茶＋艺术"为发展定位，明确了多产融合发展的基本战略。村庄结合现有资源禀赋，大力发展特色文旅产业，自完成环境综合整治后，村庄逐渐成了杭州乡村旅游的新热点，村委班子经过广泛调研和深入讨论，结合文化旅游方面专家的建议，确定了"一村一品"的特色发展思路。以"塑境长埭"为发展定位，打造以雕塑艺术、文创手作体验旅游为特色，依托中国美院、浙江音乐学院、浙江电影学院，吸引名人、名企、名品、名节（秀）入驻，实现了农业＋文创＋旅游融合。

游客流量的增加同步带动了乡村旅游

图10　长埭村夏季儿童艺术技能培训班

图11　白桦林手作园内艺术展览

产业的发展，因此长埭村以茶山资源、茶文化为基础发展休闲观光农业，目前村内共有茶楼（农家乐）经营户12家，民宿经营户5家，村旅游经济发展势头迅猛，周末假日游人如织。以"茶叶"为主题的乡村旅游发展，不仅提高了茶叶销量，实现茶农增收，同时也使茶农更加注重保护茶叶的品质和品牌形象，能够更用心投入茶品种植工作中，形成良性循环。

第二节　探路未来，描绘"未来乡村"幸福场景

在迈向美丽乡村的道路上，长埭村始终坚持以村民基本需求为导向，积极申报项目带动乡村建设。

（一）成功申报并开展市级精品村项目建设

2019年，长埭村被列入市级精品村建设，在创建市级精品村过程中，村庄畅通了包括联心路在内的几大交通要道，方便了村民出行、茶叶销售，提高了村民房屋的出租率和租金水平；更新改造了入村口风貌，不仅提升了村容村貌，同时也更直观展现了村落文化气息；将体育文化公园打造成为集体育活动、生态健身为一体的综合性场所，服务全年龄段人群；新建露天文化广场，设有演出舞台、休息平台等，为村民提供休闲娱乐的公共空间与文化活动场所；新建健身游步道，铺设彩色跑道，零星布置凉亭、小广场等休憩节点，打造村民身边的休闲活动步道，丰富村民休闲生活。

（二）深入开展未来乡村项目建设

2021年，长埭村成功申报了"未来乡村"建设项目，计划以"艺术＋数智"为特色，旨在通过项目建设实现农业农村现代化。项目目标打造"长埭未来创意文化村"，在艺术和数智联合赋能的基础上，通过数字现代化发展，重点打造"未来创业场景、未来生态场景、未来文化场景、未来生活场景"。

在未来创业场景中，推动艺术产业与茶产业融合发展，运用艺术手段发展茶产业周边和茶园空间，同时利用现有村集体用地打造孵鸡湾文创智造中心、长埭文创交流展示中心、柯村文创研学中心和茶体验中心，推进创作、交流、研学与茶产业体验联动。通过空屋置换计划将以上四个产业链核心内容扩展分布到全村域范围。**在未来生态场景中**，做好对特色的自然景观进行"艺术＋数智"提升，着力打造具有艺术特色的茶园以及联动水库的湖溪带。通过大地艺术微介入茶园景观塑造，空间装置与雕塑微介入湖溪景观塑造，将茶园和湖溪打造为主要艺术景区。**在未来文化场景中**，主要将现有建筑改造建设为移民文化展示馆和胡雪岩纪念馆，通过艺术、数智的方式展示村史文化，例如"乡村记忆"的数字展示，"线上方志书写"和胡雪岩文化数字展示等。**在未来生活场景中**，主要打造创意大道，构建低碳交通圈，建设乡村智慧公共家具系统，设立长埭智慧管理中心，创建系列长埭特色乡村活动，丰富村民生活。

图 13 长埭村史展示

图 14 长埭村"创意大道"艺术低碳交通圈

（三）积极开展数字乡村建设

2021 年，长埭村成功申报了杭州市"数字乡村"建设项目。在数字乡村建设方面，长埭村数字乡村样板村创建目标是通过"茶＋艺术＋数智"融合打造"长埭创意文化村"。以茶产业、艺术产业为特色，以"长富云"为载体，将孵鸡湾文创智造中心等艺术资源与外界形成互动，同时通过数字手段将西湖龙井茶产业与艺术产业融合发展，打造艺术茶园空间，实现"艺术融入乡村，让乡村生活更艺术"。

在数字产业建设方面，长埭村大力推进茶农驿站建设，提升村民对电商数据的

图 12 胡雪岩纪念馆

应用能力，拓宽茶叶销售渠道。茶农驿站主要由在线直播、客服呼叫、后台产销管理系统三大模块组成，方便茶农增加销售渠道，解决茶农销售对象客户分散难点。在线直播模块设有专业直播设施，包括专业录音声卡、显示设备、辅助展示销量屏等配套设备，用户只需简单扫描二维码即可开启线上直播进行自产自销；后台产销管理系统可使用户在结束直播后查看累计销售金额、客户群体人数、茶叶物流运输情况等各类订单信息，方便了解直播销售整体情况。同时聘请专家定期对村民开展电商培训，提升村民的直播带货、线上宣传技能。

除了优势产业，长埭村也积极培育乡村新业态，深挖长埭村旅游文化优势，建设长埭漂流书吧等"网红打卡点"。漂流书吧24小时营业，由监控安防、自选书架、扫码识书三大功能模块组成：监控安防模块采用AI人脸识别技术，对进出书吧人员进行实时监控分析，发现可疑人员可及时上报对应管理系统处理；自选书架模块可实现用户扫描书架二维码完成书籍租借，实现方便高效阅读；扫码识书模块可实现用户扫码之后保存当前阅读记录、查看当前书籍信息等功能。以上数字功能可有效培养村民读书习惯，并为村民普及正确的读书观。

长埭村同时运用数字手段提升长埭村艺术文化优势，以200多位驻村艺术家，8个名家艺术工作室为基础，以区级文创园——白桦崊手作园为抓手，与周边高校积极开展数字艺术合作，打造富有长埭艺术特色的茶文创产品，借助数字手段拓展文创产品营销路径，通过茶农驿站、电商服务点等积极开展文创产品直播带货，聘请专业人员拍摄文创宣传视频并投放到各大媒体，推广长埭茶文化与茶产业的独特魅力。

图15　白桦崊手作园

图16　手作艺术体验

在数字治理创新方面，以数字乡村建设推进乡村治理，充分发挥大数据系统优势，运用智慧大屏、长富云系统、长富云小程序，采集汇总村务服务信息，定期维护平台，提升村庄整体数字应用治理服务能力。

样本建设情况解读

图 17　长埭村文化礼堂智慧大屏

在数字服务建设方面，长埭村通过创建"长埭共富云"APP，实现艺术、西湖龙井茶产业的对外展示和交易，建设邻里交往空间、打造乡村邻里公约、健全垃圾分类管理、建立村民积分服务体系；公布村内规划资讯、便民信息、实时事务、建设工程情况、党务村务财务等三务公开、群众反映问题处理情况等；发布村内艺术活动信息，支持线上一键申报、一键预约，建立数字化艺术交流体系；以数字水域、智慧水域物联网基础通信建设为核心，通过信息化技术，实时掌握长埭溪生态情况，建立水质监测评价体系完善监测防御闭环；通过建立掌上乡村考评体系实现信用长埭的闭环管理。

在数字文化建设方面，长埭村积极涵养优秀乡村文化，对外运用网络新媒体开展宣传，打造"魅力长埭"数字新名片，数字化采集乡村风土民情、文化遗址、茶文化历史等文化资源信息并及时保存、定期更新，与新媒体行业开展合作，运用网络视频、旅游文案、线上直播等数字手段线上推广长埭乡村文化与茶文化。对内与村内艺术家进行合作并提供场地支持，定期举行陶艺制作、文化讲堂等文娱活动，免费为村内小朋友进行艺术培训，让乡村未来一代充分接受艺术熏陶，涵养长埭乡村文化新内涵。

图 18　长埭村文化礼堂

第三节　党建引领"三乡人"同塑共富梦

（一）坚持党建引领，加强乡村振兴"主心骨"

充分发挥党总支、党员在村庄建设治理中的引领作用，村两委每年领办实事项目，通过"班子会酝酿－艺委会咨询－代表座谈会讨论－监事会监督－党员代表大会决议－两委成员领办推进－村民大会评价"形成闭环推进机制，目前体育文化公园、健身游步道等4个项目已落地实施。

图 19　召开专题党员会议

图 20　指挥未来乡村建设

党员实行"1+N"联户包事，践行"班子成员包组、党员包户、村民监督"，乡贤发挥表率作用。例如在未来乡村建设中，长埭路南茶园市集地块需要收回，由于该地块基本都是村民的菜地，个别村民不希望被征收，面对问题，老党员郑合林主动提出自己曾任治保主任，具备调解、劝说能力，愿意协助做好村民工作，在老党员的支持和带动下，仅经过2天的思想动员，顺利完成了地块清理工作。

（二）注重人才回引，激发乡村振兴"内动力"

积极倡导"原乡人、归乡人、新乡人都是我们的乡里人"的主人翁意识，积极推进"三乡人融合"。目前，许多在外创业的原乡人都回到长埭，传承茶产业、发展民宿或者成立艺术工作室。经营长埭村大山脚淳风里民宿的赵建龙4年前回到家乡创业，在他悉心经营下，淳风里被龙坞茶镇评为星级民宿。返乡人才不仅积极支持

图 21　淳风里艺术民宿（原乡人经营）

图 22　溪云文创民宿（新乡人经营）

图 23　小辫子网红面馆（归乡人经营）

村庄各项建设，还引入了共享食堂、共享咖啡厅等全新理念，在原乡人、新乡人之间形成良性互动，重构邻里关系，进一步激活长埭文化产业发展的新动能。新乡人钟雷、王硕从英国留学来到白桦崍手作园落户，他们经营的"陶艺式"工作室开设新型陶瓷体验课程，吸引了大批游客慕名前往。留住原乡人，召唤归乡人，吸引新乡人，使乡村有了更充足的建设活力。

（三）发展未来乡村，按下共美共富"快进键"

作为未来乡村党建试点村，长埭村以"茶＋艺术＋数智"为特色，通过"数智赋能乡村，让乡村生活更未来"，着力打造未来乡村特色场景。建立"长埭共富云"服务系统，联户包事"一键"查询，村民需求"一键"满足，村务问题"一键"解决，让村民足不出户就能享受服务便利。创业场景，打造"茶＋艺术＋数字"产业，将三者有机融合起来，做大做强本村茶产业衍生品，带动村民共同富裕。美育场景，联合村艺委会人才优势，提高村民参与度，实现人人都是艺术家。文化场景，保护传承乡村记忆，发掘乡土文化内核，形成集传统和未来于一体、应用数字化技术推动发展的文化产业。生态场景，利用好自身自然生态环境优势，打造艺术景区，激发村民保护之心、共享自然之美。

图24 茶园大地艺术景区——大地景观风貌

图25 智慧茶园＋茶园艺术秀场效果图

在未来的乡村建设工作中，长埭村将继续以党建为引领，以"茶产业＋艺术"为抓手，着力推进数字乡村、未来乡村建设，以"引领美、生态美、艺术美、创业美"促"经济和精神"共富，不断提升"塑境长埭"品牌与口碑，努力将长埭建设成为美丽乡村新样板。

乡村建设者访谈

访谈对象：长埭村党总支书记 李卫东

《样本》：长埭村村民世世代代以西湖龙井茶种植为主要农业生产，2020年以来全国疫情频发，是否对长埭村的茶叶产收造成影响？主要是哪方面的影响？村里这边有没有应对方案？

李卫东：疫情确实对我们的茶叶销售造成一定影响，包括疫情交通管制影响茶叶运输、部分快递业务暂停影响茶叶外销等，针对这些影响，我们主动与周边的茶叶市场展开合作，由茶叶市场以及部分资深茶叶销售商发布茶叶信息，寻找合适买家，我们负责提供优质茶叶，从而减轻了疫情影响。同时，我们与多家快递企业保持合作，事先与物流企业保持沟通联系，开辟茶叶运输绿色通道，尽可能减少疫情对茶叶外销的影响。

《样本》：长埭村旅游资源丰富，白岩山、大山脚、天平山和鹭鸶岭龙尾巴水库、青石桥水库、双泥池水库等，村里有没有对这些旅游资源做宣传？主要是通过哪些渠道？

李卫东：长埭村境内旅游资源丰富，我们与多家新媒体企业保持紧密合作，已经拍摄了多组长埭旅游高清介绍图，还拍摄了长埭旅游专项宣传片，在各大媒体平台上投放。同时，我们积极制作凸显长埭特色的旅游风景宣传广告在各大交通点屏幕内投放，最大限度释放长埭村旅游资源内生动力。

《样本》：您认为长埭村在当前的乡村建设中，印象最深的困难是哪个？如何解决的？请详细展开介绍一下。

李卫东：在我印象中，长埭村建设最深的困难是如何发动群众，让大家一起参与到乡村建设中来。针对这一情况，我们坚持"党建引领，干部作则"，及时召开党员大会，党员代表座谈会等会议，积极开展乡村建设宣传，让广大党员了解到乡村建设的重要性以及每位村民可以为乡村建设做的事；同时，村委干部以身作则，每人积极认领工作任务，把最重的任务分派到干部身上，让干部发挥引领示范作用，从而调动广大村民参与乡村建设的积极性和主动性；现在，各位村民都能主动参与到长埭村建设中来，主动为乡村建设贡献出自己的力量。

《样本》：长埭村目前的乡村发展取得了可喜的成绩，村民的生活质量也有了质的飞跃，您觉得在后续乡村建设中，长埭村有没有需要上级部门或外界支持的地方？

李卫东：长埭村的发展离不开各位村

委干部和村民的共同努力,更离不开领导们的信任与支持。在后续发展中,我们希望能够学习到其他地方在乡村建设和发展方面的先进经验,从而发现自身的不足,取长补短,不断进步,从而让长埭村的建设取得更好的效果。

专家点评

"三维度"探索乡村未来式，走出共富之路

杭州城郊的长埭村在乡村振兴工作方面特色突出，资源整合优势明显，有一定的推广和借鉴价值，其经验可概括为三个维度的思考。

第一维度——空间维度。长埭村对外的空间联系种类繁多且富有层次：首先，作为茶叶传统产区之一的长埭村与近在咫尺的浙江省级特色小镇龙坞茶镇形成天然的从产品到品牌的共生联系，为茶产业的做大做强奠定了基础。其次，长埭村通过塑造文化乡村品牌与周边的中国美术学院、浙江音乐学院等高校产生共鸣，并通过文创园、文创中心等空间载体形成人才和产业的联系，形成了一定规模的艺术产业版图，成功发挥出了自身的地域优势。另外，长埭村倚靠自身自然景观优越、人文景点众多、人居环境条件过硬等优势，发展特色文旅产业，成为杭州人民周边游的目的地之一。显然多样的空间联系为长埭村注入了多重的发展要素，形成了强有力的发展动力。

第二维度——时间维度。长埭村的经验证明乡村振兴工作离不开扎实的本土产业，而且可能更需要那些能够穿越经济长周期的产业作为乡村基石。譬如在当地传承已久、底蕴深厚的茶业种植和关联产业、譬如坐拥周边众多高校为持续资源输出的文创产业，这些行业抗风险能力强，通过长时间的积累容易形成自身的品牌优势。所以通过精准定位，成功树立起一个持久的行业品牌，乡村就容易获得自我造血能力，长盛不衰。

第三维度——信息维度。长埭村很早就通过电商和直播培训走上了农产品网络营销的快车道，而其自身的自然景观和人文风貌以及周边众多院校的人才资源也是其打造网络内容，争取网络流量的潜在资本，为其在信息维度上创造先机。

乡村振兴是中国从工业文明向生态文明转变的核心内容，意义重大且充满挑战，这其中既要吸收发达国家的成功经验，厘清甄别其错误教训，更重要的是要结合中国五千年的农耕文化和社会主义特色的发展模式，顺应时代趋势，勇于创新开拓，才能走出一条具有东方智慧的未来乡村振兴道路。

仇勇懿
浙江大学建筑设计研究院上海分院院长

第四章　宜居宜游，和美上林

浙江省湖州市吴兴区织里镇上林村

样本概况

上林村位于浙江省湖州市吴兴区织里镇东部，东侧紧临申苏浙皖高速公路，西与中心村轧村相临，北临太湖。村域中部有村庄公路连接中心村轧村，沿村庄公路向西可达织里镇区，距离织里镇约8公里，交通条件相对便利。全村区域面积6.03平方公里，总耕地面积3303亩，其中水田3211亩、旱地102亩，境内自然环境优美，河网密布。村庄下辖20个自然村、30个村民小组，共有农户678户、2681人，其中党员75人。

图1　上林村概貌

第四章 宜居宜游，和美上林

上林村始终坚持党建引领，深入践行"绿水青山就是金山银山"发展理念，自2018年启动美丽乡村创建以来，以乡村振兴建设为抓手，积极探索实施美丽乡村建设新模式。2020年，上林村实现村级集体经济再分配收入83万元，村民人均收入3.8万元。上林村共荣获了省级森林村庄、省级卫生村、省级民主法治村、市级美丽乡村、市级基层党组织、市级先锋示范村、市级乡村治理示范村、市基层党建"双创双全"先锋示范村党组织、市级"奋进新时代、勇当排头兵"活动先进集体、区级平安示范村、区级先进集体等荣誉称号。

样本建设情况解读

第一节 浙北穷村"颜值革命"，诉说生态美丽故事

上林村整体地势平坦，环境干净整洁，河道密布，植被繁茂，建筑层数大多一二层，田园风情浓烈，是典型的江南水乡景观。从曾经的"脏乱差"穷村到"六美"精品乡村，短短几年间，上林村开展了一场前所未有的"颜值革命"，奔出一条向阳的小康之路。而细究其成长史，也生动诠释了浙江美丽乡村生态建设发展的时代脉络。

图2 上林村全民健身中心

（一）盘活生态资源，改善农村人居环境

在5年前，上林村由于地理位置偏僻，基础设施落后，是湖州出了名的穷村，而乡村环境的改变要从一位党员乡贤说起。2017年村委换届时，在外经商的沈如方回村竞聘党支部书记，回忆起刚回村的情形，他直言工作压力很大。"那时候的上林村，用'脏、乱、差'来形容一点都不为过，垃圾遍地都是，河水发黑发绿，夏天人从桥上过都能闻到臭味。"为此，沈如方上任做的第一件事，就是改善生态、改善村民的居住环境。

图3 上林村杨家迁自然村改造前后对比

村内开始对河道进行清理，改造建设了4座生态公园，全村群众和党员共同践行"两山"理念，携手共建绿色村庄。养了10多年螃蟹的潘潮平在上林村承包了260余亩水塘，之前因为环境保护意识淡薄，生产生活垃圾长期乱堆乱放，不仅养

图 4　对房前屋后的建筑垃圾进行清理

图 5　连伍兜自然村沿河节点改造前后对比

图 6　工程监督小组成员查看施工现场

殖场被填得满满当当，还严重影响了村庄人居环境。2019年，上林村坚决开展了人居环境"百日攻坚行动"，时任上林村治保主任吴邵峰组织人员和车辆，首先给潘潮平的养殖场来了一次"大扫除"。据吴邵峰回忆，当时村里协同上级部门进行规划设计，对全村的养殖用房进行统一提升改造，并劝导养殖户及时清运垃圾，做到源头管控。很快"树绕村庄，水满陂塘"的场景便在上林村得以重现。

（二）挖掘文化特色，建设美丽精品乡村

乡村蝶变，由点及面，串联成线。自2018年启动美丽乡村创建以来，通过3年美丽乡村建设的匠心打造、积累，上林村累计投资8000余万元对全村进行全方位改造和提升。随着"百村示范、千户行动、万村整治"新时代美丽乡村建设工作广度和深度的拓展，上林村美丽乡村建设的内涵也不断丰富，按照"村即是景，景即是村"的发展理念，积极推进相关美丽乡村精品村创建，委托专业规划设计院为乡村做总体规划，挖掘村内的自然生态与人文底蕴，全面提升农村的人居环境和生活品质。

上林村以梅文化、鱼耕文化、孝德文化为核心，以具有高品质居住和休闲旅游职能的平原特色村落为规划目标，以"活力上林、孝德传承、稻香乐园、品梅赏

梅"的形象为定位，建设打造以品梅赏梅、鱼耕体验、特色民宿为主题的"六美乡村"精品村。为注重突出自然、人文、产业、风俗等个性和特点，上林村把孝贤文化有机融入美丽乡村建设中，打造了锦绣梅林、波斯荡、礼贤亭、清风廊、"一事一议"等重要节点。2020年，上林村成功创建市级美丽乡村精品村。3月梅花、4月樱花、7月荷花、9月菊花，如今的上林村，道宽景美，四季蔓延花的海洋，扮靓了美丽乡村"新颜值"。

图8 开展村内趣味运动会

上林村村民任阿炳曾是美丽乡村建设行动当中的一块"硬骨头"。在村两委班子反复的思想工作下，他不仅转变观念，配合美丽乡村建设主动拆除私自搭建的厂房，还成了村里的环境监督员，村里的卫生质量成为任阿炳最关心的事情。他经常挨家挨户做宣传，检查垃圾分类、排查卫生死角，将把控卫生质量为己任，充分发挥了内生动力，协助做好乡村建设工作。

图7 上林村景观节点——梅园

（三）调动村民内生动力，助力美丽宜居乡村建设

为了巩固好美丽乡村建设成果，上林村相应建立了完善可持续的常态化机制。例如通过不同形式广泛开展有关生态保护的宣传活动，让村民增强环境保护意识，切实体会自己是建设生态乡村的真正受益者，强化村民保护生态、建设生态的意识，提高了村民主动参与、配合建设工作的积极性。

为进一步增强村民生态环保意识，营造良好乡风，上林村还通过开展形式多样的督查评比活动，促进村民牢固树立生态环保意识。村里对各农户采取每月一评比的晾晒考核，将每月的评比结果在村务公开栏张榜公示，并把农户的考核得分纳入年终各类文明评比，每年对优秀农户进行表彰和宣传，以此激励先进、鞭策后进。如今的上林村正从"一时美"向"持久美"进行转型升级，村民意识也从"要我提升"升华到"我要提升"，村庄开展的系列文明提升工作得到了有效落实。

第二节 美丽经济踏绿来，勾画乡村共富新图景

近年来，上林村坚持以实现高质量发展为主线，以增加农民收入为核心，以壮大村级集体经济为突破口，走出了一条产业经济与美丽环境相辅相成、互相促进、共同发展的独具特色的乡村振兴共同富裕之路。

（一）做深做透沉睡土地开发文章

唤醒沉睡的土地资源是上林村打造乡村振兴样板的有力抓手。以农村土地综合整治工作为契机，上林村创新土地开发"三全"机制，全面排摸旧房、危房、塌房等村宅基地资源，88亩闲置建设用地得到有效恢复耕种。通过合理的土地规划利用，村级集体总资产由负债跃升至3000余万元，乡村土地利用得到有效实践。

图9 2018年上林村环境整治工作

上林村依托第一批土地流转村的先决优势，回租散户田地，统一规划管理，大幅提升了土地效能和收益。推进退养还耕后，全村2400余亩鱼塘全面完成签约，为今后的现代化农业发展开阔了空间。在此基础上，上林村开始着手抓好农业田园化项目暨"千亩园区"建设，增加高附加值农产品投入，实现农民无负担"拎包入住"，以惠农政策进一步推动农业增产、农民增收。

在乡村项目建设方面，上林村在盘活一处低效厂房后，推进打造小微企业园项目。通过改造，厂区占地未变，但空间翻了五倍。通过拍卖平台实行公开租赁后，小微企业园项目最终以每年50万元的价格被租下。一直在外开办工厂的织里人闵凤林得知此消息后，立即订下1.8万平方米厂房，准备将自己的木地板厂搬迁回来，计划固定资产投资5000万元。截至目前，一期项目已完工，1.6万平方米的规范厂房已成功出租，待企业正式入驻后，不仅能给村里带来可观的经济收入，还可以夯实产业基础，并带动500余人的就业，可谓是一举三得。下一步上林村计划将老村部打造成兼具卫生服务站、邻里中心等功能的综合服务功能区，通过引入外部服务团队，为村民提供一站式服务。

（二）打造生态农旅特色富民全产业链

上林村依托自然和人文资源禀赋，聚焦凸显市场竞争优势的农村特色产业，主

要通过改造建设 4 座生态公园,将乡村旅游景区串点成面,带动周边农家乐、民宿业发展。将原本的垃圾堆和臭水浜改造建设波斯荡景区,仅周末即可接待游客上千人次。村民在景区旁开设的农家乐,在旅游旺季时单晚收入可破万元。生态农旅建设不仅提升了村庄人居环境,也带动了村民致富。

图 10　波斯荡公园全景

图 11　波斯荡公园一角

为更好地发展特色旅游产业,上林村以现有村庄肌理为基础,优化村庄空间布局,融文化展示于一体,通过"三产"融合拉长传统产业价值链,引入第三方专业团队入驻,建设儿童乐园、极限运动和垂钓赛区向游客开放。下一步计划引进饮食、民宿等服务产业,将上林村打造成休闲旅游的好去处。通过产业发展,上林村村集体年经营性收入由 2017 年的 6 万元,提升到 2021 年的 120 余万元,并力争在 5 年内突破千万元大关。

图 12　上林村亲子公园

(三)数字技术赋能乡村产业高质量发展

上林村立足数字赋能未来乡村,实现共同富裕,以数字化改革为总牵引,坚持数字赋能、改革破题、创新制胜,在"美丽乡村""数字乡村""富裕乡村"的迭代升级中稳步发展,积极探索乡村创新实践生态化数字化路径。

位于上林村的"渔大哥生态养殖园"基地,通过数字化手段及院校合作模式创新研发科学性育苗方式,将传统育苗全部改成工厂化育苗。基地负责人介绍道,"工厂化车间采用循环水养殖系统,具有节水、省地、环保的特点,一个占地面积只有 15

平方米的养殖桶，鱼苗产量比以往5亩鱼塘的产量还要多"。另一方面，上林村引入了智慧渔业系统，推动传统池塘养殖向智慧渔业模式转变，大大提高了渔业养殖的产量和效益，并带动全村30余户养殖户共同走上"生态养鱼""科技养鱼"的转型升级之路。并且村庄还专门组建红色秋收劳作队伍，邀请专业人士对养殖民户开展养殖技术指导，打响了上林村"渔大哥"水产品牌。据统计，2020年上林村人均可支配收入达到了4.5万元，致富效果显著。

如今，数字赋能成为加快乡村振兴、实现共同富裕的必要途径。下一步，上林村将以发展数字生态经济为突破口，继续探索乡村生态禀赋、富民产业、绿色科技深度融合的跨越式发展新路径。

第三节 乡村振兴，上林经验

（一）高质量党建引领：撬动乡村振兴"新引擎"

近年来，上林村持续推进"红色引擎工程"，将党建引领贯穿乡村振兴发展的全过程，走出了红色引领绿色发展的新路子，为全国农村基层党建工作提供了可复制、可推广的实践经验。分析上林村党建引领乡村振兴历程，包括优化班子结构，健全组织体系；完善责任机制，激发争先动力；抓牢阵地建设，发挥堡垒作用。2020年，通过村级组织换届，上林村把村里能干事、肯干事、有威信的人推选上来，组成了一支上林"铁军队伍"。村两委班子结构更加优化，老中青年龄搭配更加合理，平均年龄相较上一届年轻7岁。与此同时，上林村还注重村两委干部的阶梯培养，目前村两委共有成员7名，一半以上都是"90后"，通过以老带新、给年轻干部压担子等方式，开展"一对一"帮带形式，推动年轻干部尽快进入角色，为村庄发展储配有力人才。经历了全国文明城市测评、城乡人居环境提升、疫情防控、抗洪救灾等一系列重大考验，上林村班子队伍在团结协作、干事创业、攻坚破难等各个方面都得到了显著提升。

图13 召开民主议事会广泛听取意见

通过强化红色先锋引领，上林村将党员"活力指数"管理与网格支部建设相结合。目前，上林村分片划区建有8个网格支部，通过广泛发动每名党员参与全村的日常管理，创新"一带二"模式，即1名党员以身作则,带动"左、右"2户邻居参与人居环境提升、美丽乡村创建等村内工作,实现先锋带动,全员参与。

图14 走村入户收集乡村建设建议

一直以来,上林村始终坚持深挖历史根脉、厚植文化内涵,通过"党建+历史文化"的有机结合,创造性打造了"锦绣梅林、礼贤上林"党建品牌,得到广大乡贤和文人的高度肯定,大大提升了上林村的知名度和辨识度。同时,上林村还先后投入450余万元,推进党群服务中心、文化礼堂、幸福舞台等公共设施建设,为老百姓提供优质高效的便民服务,村民的幸福感、获得感得到显著提升。

图15 党群服务中心

图16 文化礼堂

(二)聚焦规范化建设:探索"一肩挑"村级运行管理新模式

上林村以清廉乡村建设为抓手,探索实施清廉新模式,不断健全自治、法治、德治相融合的基层治理体系。按照"一人一档、一村一册、全镇一库"的原则建立履职档案,做到动态跟踪管理,实现村干部个人信息有认定、现实表现有证明、工作实绩有考评。对于领导干部来说,这是规定动作,但对村干部而言,还是件新鲜事。总结上林村做法,可归纳为"1+8"规范化建设:组织建设一体化、集体决策清单化、三资管理规范化、工程管理科学化、三务公开制度化、工作任务项目化、监督保障常态化和村级事务数字化。以集体决策清单化为例,上林村制定并完善上林村党组织决策事项、村民代表大会决策事项、股份经济合作社决策事项等"议事决策三清单",明确决策内容。以工作任务项目化为例,上林村积极推行村两委成员集中办公、零距离服务，全面建立村两委成员联组包户、项目领办等村级事务处理制度，为群众办实事解难题。

图17　上林村三务线下公开

此外，结合浙江数字化改革背景，上林村还树立了数字化意识和思维，实现村级事务数字化。以织里镇数字乡村中心平台、三务"e公开"、农村精细化管理平台等为载体，上林村将数字化建设贯穿村级事务运行管理的各项工作，全面形成以党建为引领、以"自治""法治""德治"为核心、以数据平台为支撑的基层社会治理新机制，提升基层社会治理效能。

图18　村民在手机APP上办理事务

（三）蓄足发展后劲：助力乡村物质精神"双振兴"

为了提升人居环境整治效果，上林村为营造全民参与环境整治的热潮与共建共享氛围，开展了"邻居比一比，共建美好人居环境"活动，通过庭院、门前屋后及垃圾分类等情况比拼，引导村民自觉养成良好的文明卫生习惯。另外，上林村还通过流动小喇叭、各类培训、趣味活动等宣传方式，让环保意识深入人心。目前全村农户门前三包签约率为100%，垃圾分类参与率达100%。

为了打造文明乡风，上林村广泛发动村民开展"三晒"活动（晒家风、晒家训、晒家规），每年开展"好家庭""好邻居""好夫妻""孝老爱亲"等先进典型的评选活动，激发村民荣誉感，凝聚崇德向善能量。截至目前，全村已评选各类先进典型12名，逐渐形成了良好乡风，家庭和邻里之间的关系也更加和睦。

图19　上林村家风宣贯墙

为厚植文化涵养，上林村坚持以"道德文明风尚美、特色鲜明人文美"为目标，党员带头组建红喇叭志愿服务队、初心文艺舞蹈队，定期开展垃圾分类宣传、乡村广场舞大赛、村乐队巡回表演等活动，寓教于乐，丰富村民的精神文化生活。通过立家规、晒家训、扬乡风等方式，眼下的上林村产业兴旺、生态宜居、乡风文明、治理有效、生活富裕，在创新了基层社会治理方式的同时，更实现了物质、精神的相互促进。

图20　村内每年举办"村晚"活动

图21　举办书画会

乡村建设者访谈

访谈对象：上林村党总支书记兼村主任 沈如方

《样本》：曾经的上林村是"脏乱差"穷村，您当时为什么会选择回来担任书记？

沈如方：我是在2017年村委换届的时候，当选为上林村党总支书记。那时候的上林村，地理位置偏僻，基础设施落后，的确是湖州出了名的穷村。

作为一个土生土长的上林人，我对自己家乡当时的发展现状感到痛心。当时也是因为上一届村班子不团结出现了一些原则上的问题，可以说是村子到了最危险的时刻。作为一名中共党员与乡贤，我认为从党员的初心出发，应当承担起党员的责任和义务，另外也加上政府的推荐。这就是我为什么会选择回村的原因。

《样本》：您对上任后的乡村变化有何看法？

沈如方：这几年村里的环境发生了天翻地覆的变化，我们通过人居环境整治完成了居住环境的美丽蜕变；道路翻新宽敞了，村民出行更加便捷；一个个公园也新建而起，特别是波斯荡景区，渐渐的成了网红打卡地，村民休闲娱乐有了好去处。

很多人说上林村的改变是因为我，其实不然。我认为村子能发生这么大的变化，离不开村两委班子干部和全村百姓的努力。

我上任后干的第一件事，就是改善村民的居住环境。但是最后这个事情能够真正办成功，是我们全体上林人共同努力实现的。

《样本》：上林村积极探索乡村旅游致富之路，把旅游产业嵌入美丽乡村建设，当前村里每年大概有多少游客？收入大概有多少？

沈如方：自从村庄进行精品村提升之后，来波斯荡景区的游客越来越多。梅花、樱花、波斯荡都成了亮点，网红直播也经常来景区打卡，旅游旺季期间能有上千人次的游客量。

目前波斯荡景区是开放式的，未收取任何费用，只是提供给村民娱乐享受用的。虽然如此，但是村民也可以依靠波斯荡景区实现增收。比如说景区旁开起了农家乐，在旅游旺季生意很好，一个晚上就能有上万元的收入。而且很多村民还可以在景区里摆茶摊。

据不完全统计，周边村民依托波斯荡景区优势，在旅游旺季能带来人均800元以上的收入，淡季也能达到人均150元的收入。下一步，我们打算引进专业营运团队来上林村，打造更专业化的一些景区景点。

《样本》：目前到上林村旅游游客大部分是从哪里过来的？外地的游客多吗？有没有一些对外宣传呢？

沈如方：目前的游客大部分是周边的村民和居民，以湖州地区为主，但是也会有像江苏、上海的朋友慕名而来，覆盖面应该可以说是整个长三角地区。

在对外宣传上，我们主要是通过抖音、微信等平台，同时也会借助政府的宣传力量。

《样本》：您认为上林村当前的发展瓶颈是什么？有需要上级或者外界支持的地方呢？

沈如方：当前的发展瓶颈是村集体经济资金紧张。村里原本底子就薄，我刚上任的时候遇到的第一个难题就是没钱。虽然我们通过土地流转、厂房出租等方式积累了一定资金，但是都用在了美丽乡村、精品村提升的建设以及西厂小微园区的创建上，造成当前村集体经济资金再次紧张。我们希望，上级或者外界能够给上林村进行大力支持。

专家点评

五态协调发展促进乡村全面振兴

乡村振兴看浙江,解析上林村在实施乡村振兴过程中的主要实践、做法,或可寻找到中国乡村振兴与发展的内在逻辑,对今后如何更好地推进乡村振兴提供借鉴。

(一)突出产业带动,实现增收致富

上林村始终把村级集体经济做大做强作为发展第一要务,有序推进项目建设、科学有效整合资源、精准扶持美丽产业。美丽乡村带来美丽产业,美丽产业带动乡村振兴。上林村在产业发展的过程中,根据当地的实际情况,精选项目,积极探索乡村旅游致富之路,把旅游产业嵌入美丽乡村建设,初见成效。以现有村庄空间肌理为基础,优化空间布局,融文化展示于一体,通过"三产"融合拉长传统产业价值链,以此增强乡村振兴的核心竞争力。

(二)数字技术赋能,探索绿色共富

以数字化改革为总牵引,上林村坚持数字赋能、改革破题、创新制胜,在"美丽乡村""数字乡村""富裕乡村"的迭代升级中"逆袭"发展,为乡村创新实践生态化数字化路径、探索"换道超越"方式提供澎湃新动能。面对共同富裕的新使命,应积极探索运用自带的"绿色基因"实现更高质量的绿色共富发展之路。以发展数字生态经济为突破口,探索乡村最美生态、富民产业、绿色科技深度融合的跨越式发展,上林村的"小乡村大科技"发展之路,可为中国更多乡村突破发展不平衡,推动实现共同富裕提供参考和思路。

(三)蓄足发展后劲,助力乡村物质精神"双振兴"

在人居环境整治过程中,上林村为营造全民参与环境整治的热潮与共建共享氛围,开展了"邻居比一比,共建美好人居环境"活动,通过庭院、门前屋后及垃圾分类等情况比拼,引导村民自觉养成良好的文明卫生习惯。为打造文明乡风,上林村广泛发动村民开展"三晒"(晒家风、晒家训、晒家规),每年开展"好家庭""好邻居""好夫妻""孝老爱亲"等先进典型的选树活动,激发村民的荣誉感上进心,凝聚崇德向善强大正能量。

(四)高质量党建引领,撬动乡村振兴引擎

上林村持续推进"红色引擎工程",将党建引领贯穿乡村振兴发展的全过程,走出红色引领绿色发展的新路子,为全国农

村基层党建工作提供了可复制、可推广的实践经验。上林村不断健全自治、法治、德治相融合的基层治理体系，在实践中不断总结探索创新，最终形成了"1+8"规范化建设的"上林品牌"，为各地建立"一肩挑"后村级权力运行监督新模式提供有益探索。

（五）盘活资源，改善农村人居环境

上林村抓住土地复垦契机，全域开展土地综合整治，为乡村的建设与发展打下了坚实的经济基础。依托第一批土地流转村的先决优势，上林村回租散户田地，统一规划管理，大幅提升土地效能和收益。大力推进退养还耕后，全村2400余亩鱼塘全面完成签约，为现代化农业发展开阔了空间，并进一步谋划升级"理财"谋略，把村中低效厂房盘活，打造成小微企业园项目。上林村的环境整治也由此发生转机，建设生态公园，增加休闲娱乐空间，践行"两山"理念，建设绿色村庄。

上林村坚持以实现高质量发展为主线，以增加农民收入为核心，以壮大村级集体经济为突破口，走出了一条产业经济与美丽环境相辅相成、互相促进、共同发展的独具特色的乡村振兴共同富裕之路。在"产业、生态、文化、组织、生活"的五态协调发展的路径上，做出了有益的探索，为政府部门制定全面推进乡村振兴相关政策提供决策支持，为推进我国乡村全面振兴提供借鉴。

王岱霞

浙江工业大学设计与建筑学院副教授

第五章 荷美东岙，稻香人家

浙江省温州市瑞安市曹村镇东岙村

样本概况

东岙村地处瑞安市西南面，隶属曹村镇甲峰片区，距离曹村镇政府不到2公里，南邻南岙村，北邻丁凤村，东靠群山，西接万亩良田，面朝浙南道教名山圣井山，与平阳县相连，全镇主干道江曹路穿村而过，交通便捷。由于村庄既长又狭，形似扁担，因此又名"扁担"村。东岙村先后荣获全国民主法治示范村、浙江省AAA级景区村庄、浙江省文明村、浙江省美丽乡村特色精品村、浙江省书法村、温州市儿

图1 东岙村全景地图

童友好试点村等多项荣誉。

东岙村"地广人多",村庄面积3.74平方公里,全村623户,户籍人口2643人,常住人口1885人,正式党员68名、预备党员2名,全村下辖下塆、上塆、大布山、枫树脚、东岙、范家塆6个自然村。东岙村"农字当头",拥有耕地面积1000亩、林地面积2347亩,主要栽种水稻、油菜花、甘蔗、雷竹等,其中莲子、马蹄笋、杨梅、手工索面是其四大特色农产品,远近闻名。

样本建设情况解读

第一节 坚持"五化"同步，擦亮乡村"底色"

曾经的东岙村，在开展乡村建设前，主要面临三个方面的发展问题。产业结构布局较为滞后。村庄以传统种植业为主，村集体经济内生动力不够强，村民收入有限。"村富带民富"模式仍需探索升级，农旅产业模式尚未发展成熟。村域教文农旅融合程度有待提高。村庄人居环境治理有所不足。资金投入不够，以政府财政垫支为主，整治力度待提高。缺乏合理有效的土地流转机制，存在农民有地不种或无地可种现象。市政基础配套设施不完善，垃圾处理不够科学环保，流域内水质较差。村民自治水平有待提高。留村村民整体素质还需提高，教育水平较低且年龄较大。有关村民自治的法律法规不具体，可操作性不强，缺乏工作保障机制。

如今的东岙村，为促进乡村振兴，打造未来乡村样板村落，推动高质量发展共同富裕，锚定了明确的发展目标与发展理念，力求改变由往昔旧貌崭换新颜。

（一）乡村振兴战略目标

曹村镇作为一座千年古镇，以"文都武乡·瓯越粮仓"为定位，曾获全国先进基层党组织、全国乡村治理示范镇、国家级卫生镇、国家农业公园、全国环境优美乡镇、省美丽城镇样板镇、省研学旅行基地等20余项省级以上荣誉，成功入选温州市镇域型"未来乡村"试点建设。

图2 耕读第一镇——曹村镇

图3 曹村镇美景

东岙村依托曹村镇的发展平台，锚定自身发展目标：一是成为未来乡村的引领者，推行"微改造静提升"工程，打造宜居宜业宜游美丽乡村，建设山水与乡村融为一体、村居与田野相得益彰的可持续发展样本。二是成为数字乡村的示范者，依托数字平台，实现全域智能管理，结合数字化改革，系统规划建设乡村治理、基础设施、产业发展、公共服务、乡村运营、生态建设等数字化应用场景。三是成为共富乡村的先行者，开展未来乡村党建联盟建设，通过科技赋能推进三产融合、绿色发展，实现"富脑袋"和"富口袋"双富。

（二）乡村振兴发展理念

顶层设计，统筹发展。 村庄以整体性治理为引领，突出政府-市场-社会、现在-未来的整体性，通过整体部署、统一规划、持续推进，围绕谋深谋准谋实未来乡村建设，拓展"五化十场景"应用，规划编制三年行动方案。

因地制宜，特色发展。 村庄以精细化治理为引领，扎根东岙特色资源禀赋及文化底蕴，做好研究和布局，结合乡村振兴示范带、清廉村居、民宿等项目，确保乡村建设体现特色、保存底色、建成亮色。

资源整合，活力发展。 协同党委政府，集聚财政资源、空间资源、本地资源、社会资源，整合专班力量、发动村民力量、引进第三方力量，以数字赋能、农文旅融合做主要抓手，体现乡村建设学习借鉴、适度超前、面向未来的理念。

数字赋能，共享发展。 聚焦乡村建设现代化，以"数字"聚人力、引人才、创人气，有效将数字化改革、公共服务供给、人际关系、生态环境等全方位生活要素融入村落，提高群众的获得感和幸福感，培育有格局、有情怀、有才能的"未来村民"。

（三）乡村振兴主要措施

基于曹村镇瞄准农文旅融合发展的战略定位，东岙村依托特色资源禀赋，以"人本化、生态化、数字化、产业化、系统化"为五大价值坐标，聚焦基层组织、基础设施、基本公共服务、主导产业、主体风貌、主题文化等"三基三主"内容，通过打造亮点场景、谋划全域旅游、推进项目落地，大力实施村庄沿线绿化、山体彩化、庭院美化、全域全年景观化等质量提升工程，致力实现未来乡村新样板。

1. 高光打造东岙村亮点场景

村庄聚焦"乡容、乡愁、乡风"，坚持"绿水青山就是金山银山"理念，推进全域生态优化升级，致力打造安居宜居的绿色家园。具体包括以"红色文化"为内核，重塑"进士""花灯""耕读"等历史文化场景；精心打造"一村一主题"文化体验区，通过文化留住乡愁记忆；改造提升邻里公共服务中心，建立道德诚信积分制，以积分兑换服务，推动弘扬乡风文明，实现未来邻里服务"邻聚里"。

村庄聚焦"农创、旅创、品创"，发展智慧农业，升级5G数字稻田，致力打

图 4　东岙村未来乡村规划

图 5　东岙花灯节

图 6　村庄 5G 农智谷

造绿色有机农产品生产示范地。具体包括打造涵盖在线商城、电子导游、智慧停车、智能客服等八大服务的智慧旅游管理平台；强化研学基地建设，丰富研学内容、开发精品路线；加速东岙民宿集群建设，推动家庭民宿立项运营。

村庄聚焦"利行、利医、利学"，通过完善道路设施，形成"两纵四横"的内部交通格局。努力构建线上与线下、医疗与康养相结合的卫生服务体系，开通线上"云医疗"端口，使村民一键畅享远程医疗服务。同时利用数字化手段加速教育资源均衡化，加速建成了 1 个国家研学基地。

村庄聚焦"智治、自治、贤治"，通过

启用智治平台，加快智慧大脑＋"智慧党建、智慧旅游、智慧交通、智慧管理"的"1＋4"智控体系2.0版建设，全面实现乡村治理、设施完善、产业发展、公共服务等数字化场景应用。创新自治模式，由村两委牵头，村民、相关单位协调配合，重点抓环境整治、市政设施建设等民生领域工作。组建贤治联盟，依托智慧党建平台，组建"乡贤党建联盟"，能够在线共享信息、资源，吸引乡贤回归作为未来乡村建设合伙人，形成基层"党建＋"的贤治新格局。

2. 高位谋划东岙村全域旅游

村庄立足谋划"小乡村大花园"，使村庄颜值刷出新高度。**围绕"一个主题"打造独特建筑风格。**依托曹村镇全域景观化一期"四村一线"、二期"五村一线"工程，实行整村改造，建成"荷美东岙，稻香人家"特色主题村庄。对原狭小拥挤、设备陈旧的村民中心进行拆建，打造全市唯一集党群服务中心、主题党日活动中心、乡贤馆为一体的"庭院式"村民办公楼。**围绕"两个试点"推进村庄人居环境提升。**结合美丽乡村及国家级卫生镇创建工作，多次开展村庄环境卫生大整治行动，拔除田间废弃立杆、清理陈年垃圾、治理房前屋后乱堆乱放现象。推进垃圾分类试点工作，组织志愿者入户宣传，倡导村民养成垃圾分类的良好习惯。推进村购户养试点工作，村集体出资为村户购买花苗种子，村民自行种植，并在年终对每户种植成果进行评比，以评比奖励形式充分调动村民开展美丽庭院建设的积极性。**围绕"三大要素"补齐基础设施短板。**开展村庄道路环境综合提升行动，村内基本道路全面白改黑，主要道路强弱电上改下。实现旅游公厕大整治，拆除废弃旱厕共计15座，改造提升公共厕所6座，目前村内有公共厕所8座，其中AA级旅游公厕3座，A级旅游公厕1座。实现停车场地大升级，腾出闲置用地新建大型停车场3个，同时清理乱点改造出百余个小型停车位。

图7　东岙村党员带头环境整治工作

村庄立足谋划"小乡村大特色"，使景观串联绽放新魅力。将莲花池打造为"党风廉政教育基地"，目前村内莲清园作为瑞安市周边赏荷景点，年均接待游客可超百万。通过河道景观带建设，打造天井垟滨河景观绿道，形成10公里田园骑行观光风景线，开展绿道骑行体验活动，成功举办环天井垟骑行大赛、长走大会等大型活动。打造村内景观特色小品，多点分布"藕遇东岙""飞鸟惊荷""索面飘香"等独具特色、可供休憩拍照的景观节点。乡贤筹资助力东岙文化礼堂建设，独具江南庭院风格的5星级文化礼堂不仅充分满足了周边群众的精神文化需求，同时也是瑞安市乡村振兴学校曹村分校点以及曹村环天井垟研学环线的主要节点。

村庄立足谋划"小乡村大品牌"，使村民共享幸福新红利。东岙村与瑞安中青旅公司合作成立瑞安市乡悦旅游发展有限公司，与市教育部门合作，围绕研学活动开发丰富的环天井垟研学旅游线路。完成进士牌商标注册，打造进士索面、进士莲子、进士蜂蜜等多个知名特色农产品品牌，提升产品附加值。利用"三权分置"政策，流转闲置农房10间，由乡贤投资开发建设精品民宿项目。谋划招引建设稻田主题精品酒店，补齐旅游配套短板，依托邻里中心平台和东岙索面特色，加速打造进士索面馆，结合智慧金融、三位一体农业改革、助农共富等产业场景，布局日常餐饮服务、索面文化展示厅、体验工坊、直播间及丰收驿站等。

图8　东岙莲清园

图9　东岙村美丽河道整改

图10　东岙村绿道骑行

图11　东岙研学活动

样本建设情况解读

图12 东岙索面

图13 东岙索面馆

3. 高速推进东岙村项目落地

为进一步做好乡村现代化建设工作，东岙村从三个方面推进村庄项目落地。抓项目建设，以农文旅融合为重点，结合全域旅游补短板，推进餐饮、民宿发展。改造提升现有餐饮单位，深挖地方特色美食，重现南宋味道。加速民宿集群建设，鼓励村民盘活闲置农房17亩，推动共享民宿等新兴业态发展。抓招商引资，汇聚和调动各方力量，引导社会、市场和群众积极参与乡村建设。以乡贤归乡为突破口，号召乡贤充分发挥专长优势，推介东岙、反哺东岙，将自身技术、资源、项目等与促进家乡发展有机结合，画出最大"同心圆"。抓组织保障，成立镇、村两级乡村振兴领导小组，强化工作领导，有序有力推动各项工作。推行项目挂图作战、三色管理等办法，针对项目细化、堵点卡点等问题分别明确保障措施。通过任前承诺、党内讨论、对外公开、群众评议等方式，吸引群众主动参与，以立军令状倒逼干部履职践诺。

第二节　东岙之美，激活"瓯越"一池春水

（一）党建领航"田间地头"，昔日涝区变美丽景区

通过推行"全域美"建设贡献积分制度，以区域划分"责任田"，全面发动党员、微网格员、村民代表、村民多个群体领岗认责参与环境整治，使原本还是地势较低、长年受涝、不宜稻米耕作的东岙村旧貌变新颜，如今村庄已形成别具一格的江南庭院风景，堪称当地的"网红打卡点"。在美丽乡村建设过程中，村庄先后拆除各类乱搭乱建180余处，整治乱点300余处，立面改造6000余平方米，建设150亩荷花池景观公园，并配套建设道路沿线景观带，村庄面貌焕然一新。村民在村两委、党员的带动下积极参与垃圾分类、庭院景观村购户养计划、景观作物连片种植等靓化村庄环境活动。截至目前，东岙村已成功创建AAA级景区村庄，村域内已建设完成浙江省最美绿道、

浙江省美丽河湖、浙江省百大美丽田园，天井垟也从"粮区"晋升为"景区"。

图14　东岙美丽河道

图15　天井垟整治后概况

（二）文旅赋能"田园生态"，美丽资源变美丽产业

村庄注重做好"电商＋农业"发展模式，由村集体牵头搭建销售平台，以利润分成的模式与村民合作，实现村集体和村民共同增收。古代的曹村曾养育了82名曹氏进士，素有"中华进士第一村"的美称，同时东岙村的特色农产品索面由于横着晾晒形似乌纱帽的帽翅，因而得名"进士索面"，为打响特色产品品牌，东岙村依托自身文化底蕴注册了"进士索面""进士蜂蜜""进士莲子""进士红糖"等系列商品名称，有效带动了产品销量。

活化利用东岙文化礼堂，通过礼堂广场、主题展厅、乡镇展陈馆、电影院、耕读书房、儿童绘本区和百姓书屋等资源，承办会议、举办婚宴等活动，提升文化礼堂经济效益。

依托廉政教育基地莲清园、瑞安市第一家乡贤馆、省级彩色绿道等特色旅游景点，吸引广大游客，推出摘莲蓬、品莲子、休闲垂钓等项目，每年可为村集体经济创收20余万元。据了解，在曹村镇花灯节期间，东岙村日均人流量达到了3万人次，村庄旅游发展兴旺。

图16　东岙文化礼堂

图17　东岙百姓书屋

（三）全村真抓"软实力篇"，历史遗产变美丽文化

东岙村致力于挖掘传统的耕读文化、乡贤文化、田园文化、进士文化，旨在打造环境优美、乡风和谐、书香满溢的文化乡村。村庄注重家风文明的引领作用，通过深入挖掘本土进士文化，提炼曹叔远、曹豳、曹绛等崇德修身故事，弘扬"乐善好施、重教尚廉"的内在品质，制作《曹绛家训》特色宣传绘本，凝练全村好家训、好家规149条，形成人人晒家训、重家风的乡村风尚。如今的东岙村，家家户户会在门口挂起家风家训宣传牌，在沿路醒目的高屋上写着廉政文化、画着有关家风的图文彩绘，村内也由此形成了一堵拒腐拒变的网红墙——"廉洁墙"。

另一方面，东岙村也注重开展移风易俗工作。通过乡风评议等一系列举措，显著改善铺张浪费、重男轻女、薄养厚葬、乱倒垃圾等陋习；通过文化礼堂办婚事、宗祠办丧事的新形式，倡导农村红白喜事简办，打造新时代文明乡村。

（四）群智共创"基层文章"，政府单打变美丽共治

东岙村坚持"党建＋美丽乡村建设"的总思路，村党支部通过带队伍、强阵地、重服务等一系列措施，联合村民中心、莲清园、文化礼堂、乡贤馆等，打造了全市首个全覆盖的综合性瓯江红党群服务中心，让基层治理弱项变强项。中心可实现窗口化办公、大厅式服务，大厅内配备瓯e办，群众在村门口即可办理117项民生事务，覆盖审批服务、常用证明、交通服务、社保业务等十大类别。

村庄通过"微连心"网络平台，扩容现有进士党建联盟"朋友圈"，可实现在外村民线上参与治理。荷美东岙邻里中心依托邻里工坊汇集了村民所需的各项生活服务，如智慧审批机连接浙里办平台，村民可刷市民卡或身份证登录，办理所需业务；有志愿者提供理发、服装剪裁等服务，定期有医务人员为村民进行体检；小曹邮局经过技术升级，可实现存放快递和自助发快递两种服务，极大方便了村民生活。值得一提的是，邻里中心服务还可以用文明币兑换，无需货币支付，从而有效提升了村民的自治热情和幸福指数。

图18　东岙邻里工坊

第三节　坚定不移打造东岙样板，奋力走好新时代赶考路

虽然东岙村通过乡村建设取得了一定的成效，但目前还存在着制约村庄进一步发展的现实问题，为完成好美丽乡村建设，东岙村结合自身实际，提出了以下展望。

（一）深入环境整治，美丽生态增"颜色"

创新"党建＋"多形式，发动全员，继续深化村庄环境综合整治。启动"无废村庄"试点，守住生态底线。景点、建筑等不做"大改造"，保留原有特色。协同上级党委政府力量，提升乡村基础设施，以国家现代农业产业园、未来乡村建设为载体，争取农村环境整治专项债券资金持续输血赋能，完成农污提质、提标改造，实现公共场所智能化、节能化。

持续盘活闲置土地，有条件的地方进行全域土地综合整治，对田水路村进行全要素综合整治，对农田进行连片提质建设，对存量建设用地进行集中盘活挂钩，实现农田集中连片、建设用地集中集聚、空间形态高效节约的土地利用格局。围绕天井垟景区，以"山、河、路"为脉络，实施天井垟美化工程，打造山水田园诗路，形成"十步一诗、百步一词"的浓郁田园文化氛围，真正打造依山傍水、整洁宁静、人与自然和谐共生的生态宜居村。

（二）发展农旅产业，美丽经济增"特色"

加速东岙特色索面晒场建设，转变家庭小作坊生产方式，形成生产销售规模，邀请专业团队经营，提升包装和服务水平，通过拓宽"线上＋线下"平台，打响品牌知名度。深化"三权分置"改革，盘活村内闲置宅基地资源，采用"村集体＋企业"的模式，由企业承包经营，村集体入股，实现企业、村集体、村民"三赢"。打造完整的农旅产业链，补齐餐饮、休闲、体验等短板，重点开发垂钓、摄影、儿童娱乐、农家乐等项目，促进村集体增收。打造集主题餐饮空间、阅读空间、美学空间、体验空间等为一体的"宋韵雅集"综合体、清廉村居游客中心等新网红打卡点。

探索"中国梦"儿童体验馆，以曹村特色历史文化和新中国综合实力展现为线索，运用实物感知、全息展示、交互操作、VR虚拟等创新技术手段，构建少年儿童"造梦""圆梦"第一站。打造儿童生态教育基地，建设多功能自然教育课堂、多场景劳动实践研学基地，将课堂场景化、具象化，成为儿童研学标杆基地。升级省级研学教育基地，"一盘棋"规划全域研学线路，摘夺国家级研学教育基地金招牌。

（三）发动群治智治，美丽治理增"亮色"

实施强村惠民行动，构建以中等收入群体为主体的橄榄型社会结构。落实好村两委红色代办服务，鼓励有技能、有爱心的党员为村民提供暖心服务。充分调动"微网格"力量，构建"监测、预警、处置、反馈"风险闭环管控平安机制，一屏监管村域内旅游、交通、消防等重点行业领域安全生产。

顺应数字化改革浪潮，推行"智慧党建管理平台"，在平台上实时公开党务村务财务等事项，透明审批流程，通过注册村级账号，村民可在异地了解监督评价村务。真正依托数字平台，实现村域智能管理，在智治基础上，用数字治理掀起乡村群治热潮。

乡村建设者访谈

访谈对象：东岙村党总支书记　陈先寅

《样本》：东岙村在开展村庄建设前，发展主要面临"产""村""人"的问题，目前这些问题是否得到解决？还有哪些地方您认为还要继续强化的？

陈先寅：村庄建设中，"产""村""人"是一项长期任务。这几年，通过上级党委政府的大力支持和本村村两委、党员代表、村民代表等多方力量的建设，东岙村的"产""村""人"取得了较大的发展和进步，相信来过东岙的也都看到了我们这些年的成绩。比如产业结构布局得到了一定的改善，莲子、索面、蜂蜜等特色农产品打出了自己的进士品牌，营销渠道大大拓宽；环天井垟研学旅游线路已经基本成型，结合廉政教育基地莲清园、瑞安最美文化礼堂东岙文化礼堂、瑞安市第一家乡贤馆、省级彩色绿道等特色旅游景点，已经吸引了广大游客，通过推出摘莲蓬、品莲子、休闲垂钓等项目，每年为村集体经济创收20多万元。与此同时，村庄城镇化建设也有了很大的优化，村民自治水平也有了不小的提高，东岙邻里中心越做越好、越做越大，村民的参与感、幸福感都得到了相当的提升。

但是，不可否认的是在接下来我们还有很多项目要继续推进、很多成果要持续巩固，也有很多困难需要进一步克服。

一是环境整治热情仍待激发。部分群众对于乡村环境整治认识不到位，整治积极性和主动性不足，主体作用未得到充分发挥，导致垃圾随意倾倒、秸秆随意焚烧、草丛随意践踏、污水随意排放等现象还是存在。除此之外，环境整治除全民参与之外，还需专班力量进行日常跟进、维护，但因村里经费有限，难以组建一支专业化管理、规范化运行、精细化行动的队伍。

二是村内集体经济仍待提升。农产品生产销售体系亟待建立，标准化、规模化、科技化水平还需进一步加强，品牌效应还未形成，营销渠道还得深入扩宽。民宿集群建设还需加快，在策划定位、规划设计、开发建设、招商运营、互联网营销等方面仍有改善优化的空间，餐饮、购物、娱乐休闲等配套设施还没健全。东岙村特色美食、民俗活动、手工艺品等资源还未得到充分挖掘和利用。

三是数字治理手段仍待更新。目前还是通过手机小程序、手机应用实现村务公开，数字化手段还比较低级、单一，后端支撑平台不足，尚未真正达到实时、共享、智能可控的目标，还需真正搭建数字化管理平台。整体智治还停留在信息渠道畅通的层面，数据在治理过程中所发挥的乡村社会态势感知、公共事务辅助科学决策等方面的价值未能得到有效发挥，数字化基础设施、数字资源整合、数字化意识转变、数字人才队伍建设方面仍存在诸多问题。

四是民生保障水平仍待提升。整体而言村民收入不够稳定，传统种植业收益较低，文化旅游等第三产业产出需要一定时间沉淀，加之受疫情影响较大。养老、医疗、教育等基本领域距离村民实际需求还有不少差距，养老院居住环境尤需优化、医疗报销比例较低、教育资源还不够均衡，"一老一少"所遇困难不容忽视。生活性基础设施供给不足，供水存在压力不够的问题，导致村民饮用水有困难；沿线路灯亮化工程不仅需要加速推进，还需要注重日常维护；缺乏中大型购物场所等。

《样本》：您认为东岙村发展的成功亮点有哪些？在发展的过程中令您印象深刻的困难是什么？当时是如何解决的？

陈先寅：东岙村通过党建领航"田间地头"，让"昔日涝区"变"美丽景区"。推行"全域美"建设贡献积分制度，修订写入村居民约，以区域划分"责任田"，全面发动党员、微网格员、村民代表、村民多个群体领岗认责参与环境整治，先后拆除各类私搭乱建180余处，整治乱点300余处，立面改造6000余平方米墙体，建设150亩荷花池景观公园，并配套建设道路沿线景观带，美丽东岙跃然纸上。

在发展过程中面临的困难主要还是土地征收困难，有些村民不理解，思想工作比较难做。

当时我们协同驻村领导、驻村干部，组织村两委、村民代表等人员，挨家挨户上门劝说，如果老一辈思想工作做不通的，我们就找年轻的一辈做沟通，双管齐下。

《样本》：东岙村集体收入近三年主要来源是什么？农民收入主要来源是什么？

陈先寅：东岙村集体收入主要分为三块，一方面是农产品经营销售，通过打造进士索面、进士莲子、进士蜂蜜等特色农产品品牌，增加农业收入；另一方面是文化旅游收入，通过大力开展研学游、做大天井垟游船中心，吸引客流量，加大文旅收入；最后是日常租金，比如东岙文化礼堂承接会议、婚礼、培训等各种活动，以及其他土地租金等。村民的收入主要是来源于外出务工、经商，或者居家务农。

《样本》：您认为东岙村在未来可能会遇到哪些机遇和挑战？

陈先寅：一方面，机遇主要体现在文旅产业的发展，目前东岙已经建成3A级景区村，在此基础上，通过进一步深入环境整治，让美丽生态增"颜色"；持续发力抓农旅产业，让美丽经济增"特色"。另一方面，挑战主要是体现在：缺乏高素质、专业化、复合型的人才，村庄发展急需现代化、规范化、科学化管理模式。

专家点评

用好做强地方特色，走实产业兴农之路

东岙村美丽宜居乡村建设的典型案例表明，其在农村产业方面走出了一条富有特色的兴农之路，在充分用好农村特色资源，很好推动一二三产业融合，并在农业数字化和数字产业化方面，走出了适合当地发展的有效路径。

用足地方特色资源，做强农村旅游产业。 东岙村挖掘传统的耕读文化、乡贤文化、田园文化、进士文化，让东岙村成为环境优美、乡风和谐、书香满溢的文化乡村，挖掘乡土特色资源，发展并做强旅游产业，形成具有市场价值的旅游品牌，从而为东岙村农业产业升级，丰富农村产业体系，走出了富有成效的产业发展之路。别具一格的江南庭院风景成为当地的"网红打卡点"，天井垟从"粮区"晋升为"景区"，是东岙用足地方特色资源，做强旅游产业的典型举措。

推动三次产业共同发展，拓宽农村产业空间。 东岙村美丽宜居乡村建设在三次产业共同发展方面做出很大努力，为新农村建设拓展了广阔空间，取得了很突出的成绩。东岙村多点分布"藕遇东岙""飞鸟惊荷""索面飘香"等，实现第一产业和第三产业的融合发展，加速东岙特色索面晒场建设，转变家庭小作坊生产方式，形成生产销售规模，推动农业产业链延伸，实现一二产业共同发展。

利用现代数字技术，实现农村产业融合发展。 东岙村建立智慧大脑"1+4"智控体系，结合智慧金融、三位一体农业改革、助农共富等邻里、产业场景功能，布局日常餐饮服务、索面文化展示厅、体验工坊、直播间及丰收驿站等，在品牌推广和市场销售方面，充分利用数字技术，打造地方特色资源的"线上＋线下"平台。运用实物感知、全息展示、交互操作、VR虚拟等创新技术手段，为当地特色景点营造科技亮点和更好的项目体验，为东岙村产业融合发展，提供了强有力的科技支撑。

2035年乡村振兴取得决定性进展，农业农村现代化基本实现，这是乡村振兴"三步走"战略的第二步。实现这个目标，必须扎扎实实推进农村产业供给侧结构性改革，充分利用快速发展的数字技术，实现高质量产业兴农，才能为乡村振兴、共同富裕打下良好经济基础。

沈桂龙
上海社会科学院世界中国学研究所所长

第六章　太湖灵秀地，风情陡门塘

江苏省常州市武进区雪堰镇陡门塘村

样本概况

陡门塘自然村（以下简称"陡门塘村"）隶属常州市雪堰镇城西回民村，地处太湖湾城湾山区，南临太湖和城湾山脉，北依锡常高速，区位优越、交通便捷。村庄面积约1.18平方公里，人口约735人。村庄环境宜人，以梨、桃、茶叶等经济林果种植为主导产业，村民较为富裕。

陡门塘村作为苏锡常地区唯一的一个

图1　城西回民村区位图

图2　村庄经济林果种植

少数民族聚居地,现有回族家庭96户,共336人。据《武进县志》记载,回民迁居城西的历史可以追溯至700多年前,由元代蒙古南迁而来,主要有韩、董、吕、米、杨等姓氏。城西回民一直生活在汉民族群体中,至今仍保留着戴白帽和到清真寺做礼拜的习俗,遵守着祖辈流传下来的饮食习惯。村庄内回民通用汉语,也有少数人学习阿拉伯文,长期以来回汉相处和睦融洽。

陡门塘村在开展乡村建设前经济与产业基础条件较好,但村庄环境欠佳,公共空间缺乏活力,村庄内部及周边交通不便,成为太湖湾大旅游圈中的孤岛。经过两年多的精心建设和治理,村庄的人居环境品质、文化特色彰显、公共设施配套、产业发展以及社会治理等方面均取得了令人惊喜的转变。尽管受到疫情影响,2021年接待游客依然达28万多人次,带动村民人均增收4200元,村民人均可支配收入超过3.7万余元,先后荣获了"全国民族团结进步模范集体""全国生态文化村""中国美丽宜居村庄""中国美丽休闲乡村""全国乡村旅游重点村""国家森林乡村"等荣誉。

图3 村庄环境(整治前)

图 4　村庄环境（整治后）

样本建设情况解读

第一节 破茧成蝶的华丽转变

（一）紧抓问题导向，明确整体打造思路

陡门塘村在改造伊始便积极引入专业团队，从全局角度考虑，制定了城西回民村陡门塘特色田园乡村建设规划。项目团队通过多次的驻场踏勘与问卷调查，对村庄现状进行了细致研判：该村区位优越，生态与产业基础条件较好，但存在着一些不利的制约因素，主要表现在自然环境基底一般、水质差且淤塞不通、村庄色彩混杂、环境品质不高、建筑形态呆板、公共空间缺乏活力、村庄与周围环境缺乏联系、文化与特色缺乏彰显等。

以现状问题为导向，项目团队通过深入认知与挖掘，梳理出"山（黄公山）、水（宕口湖）、农（茶园）、林（果树林）、寺（清真寺）、史（村史馆）、人（汉回两族村民）"等七大特色资源要素。在构建人与自然和谐共生的总体发展新格局过程中，依据地形地貌自然特点，村庄与四周的构成关系，农业种植的分布情况，以"山、水、田、村"相互交融的特色田园空间结构为基础，统筹优化形成回村乡韵民俗区

落英缤纷，茶香四溢
阡陌纵横，星罗棋布
山枕水绕，屋舍俨然
围寺而居，回汉交融

图5 鸟瞰效果图

等8个功能分区。再通过公共设施布点、村庄游览线路、采摘线路、登山线路、滨水游线进行串联,将分散的山水资源与各功能区凝聚为一个活力整体,形成村在景中、景美村优的良好格局,实现让村民和游客"看得见山,望得见水,记得住乡愁"的美好愿景。

以乡村建筑环境改造提升、激发公共空间活力为核心抓手,从"微针灸、轻嵌入、小织补"等三个方面介入,以"活水、丰色、构景、优材、增业、塑特"为策略,活化闲置资源,健全完善村庄配套设施,共同构成建筑美、功能强、环境优、趣味浓的特色田园建筑风貌和景观格局。同时,为丰富游线产品、增强游览体验,以民族风情为文化产业主题,详细制订了3期共17个改造优化项目的行动计划,以传承彰显乡土特色文化。

(二)因地制宜,提升复兴老庄台

在新建建筑和民宅改造方面,陡门塘村注重充分体现地域特色、民族风情,保

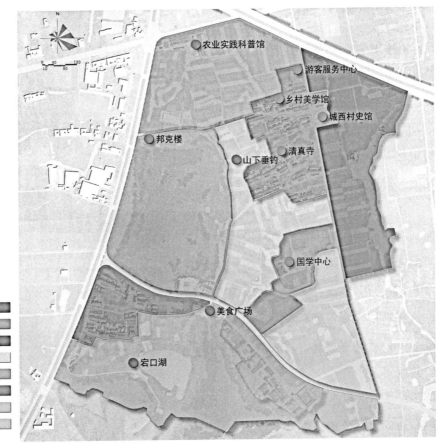

图6 功能分区规划图

留少数民族传统风貌，同时综合考虑新型保温墙材、环保材料在建设过程中的应用，在改造中尽量将太阳能、空调机位等的设置与建筑风格融为一体。

图7 村舍改造

图8 溪畔驿站方案

在乡村景观小品营建方面，村庄村口标识采用了传统设计风格，以竹、木为主要材料，体现田园特色。公共活动和健身活动场地建设同样采用乡土手法，融入乡愁记忆，避免了尺度过大和硬化过度，使功能与景观兼具。

在盘活闲置用地提供公共活动空间方面，村庄利用闲置、零散的建设用地新建溪畔驿站、杨梅廊亭等配套设施，使用旧木构架、废弃磨盘、酒缸、瓦罐等旧农具进行景观搭建，将废弃场所巧加利用，变废为宝，形成有意义、有活力、有温度的公共空间。

在乡村道路建设方面，采用本地石材、鹅卵石等对部分道路进行铺设，兼具实用性和生态环保要求，利用废旧轮胎、竹篱

图9 旧木构架、废弃农具、老物件

笆等材料对道路和建筑周边进行精细化处理，塑造乡土特色的别样景观。

在村庄植被绿化方面，选种本地适生的杨梅树、红叶石楠、榉树、香樟、黄杨、广玉兰、石榴树等树种，结合田间种植的桃花、梨花、蔬菜等经济作物，体现别具一格的乡野特色。

（三）打通对外"联络筋脉"，完善内部"毛细循环"

为加强陡门塘村与村外的交通联络，对外新建百花迎宾路，与太湖湾旅游度假区形成联动。注重发展乡风野趣与田园食宿体验，与周边度假养生、主题娱乐、滨湖休闲等区域功能实现互补，使之成为环太湖大旅游圈层内的重要环节。

为强化村庄与周边的衔接功能，依托黄龙山，顺应茶田、果林肌理，运用乡土碎石构筑登山小道，并于山腰、山顶分设半丘亭与山顶小驿，让山可登、景可赏、游可憩。

为完善村庄内部串联，连接了乡村内部的断头路，提高内部的通达性和舒适性，使村民的出行更加安全、美观。同时，根据乡村旅游布局，村委会新建2180米长的自行车道，配建生态停车场2座，以满足骑行与自驾游爱好者的实际需求。

图10 道路铺装

图11 景观绿化建设

第六章　太湖灵秀地，风情陡门塘

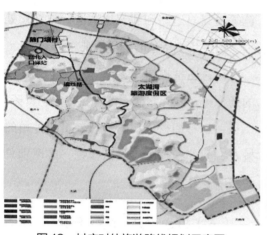

图12　村庄对外旅游路线规划示意图　　　图13　村庄内部游线规划示意图

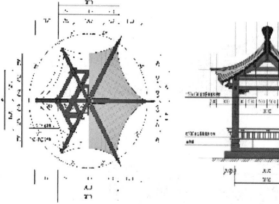

图14　登山游线示意图　　　图15　半丘亭与山顶小驿设计图示意图

图16　半丘亭与山顶小驿实景图

图 17　村内步行道与自行车道

（四）串沟连塘，活化亮化水环境

陡门塘村村委会组织带头，将全村范围所有河塘全部进行清理、疏浚、沟通，使河道清澈闪亮，河畔绿意盎然。村庄在进行水环境整治规划时，根据实际情况将治水与造景相结合，在施工时设计了一座自然式滚水坝，满足了调节水位、拦蓄泥沙的功能需求。由石磨盘、碎石板等乡土材料制成的滚水坝与大柳树如今已成为靓丽的网红打卡点。

图 18　滚水坝改造前

图 19　滚水坝改造后

（五）修复矿坑，变荒山为金山

村庄南部现存一处长期闲置弃用的矿坑宕口，对此，陡门塘村创新发展功能型修复方式，使宕口成为积极空间和特色旅游场所，并通过引进民间资本，营造游山览水、品菜修禅的乡村游览体验住地，为乡村旅游提供了新平台。

图20　矿坑宕口（改造前）

图21　矿坑宕口（半山茶楼效果图）

（六）提取民族元素，强化入口形象与功能

为更好发展乡村旅游，丰富服务手段，陡门塘村在村庄入口建设了一座游客服务中心，兼具入口标志、游客咨询、文化宣传、农产品销售等多重功能。在公示四个建设方案后，经村民选择，确定以汉回文化相交融的建筑风格呈现。服务中心设置了半开放的空间形式，建筑前的公共场地采用了乡土手法，融入乡愁记忆，避免了尺度过大和硬化过度，使功能与景观兼具。

图 22　村口标识方案

图 23　村口标识建成效果

第二节　全面持续的乡村振兴

陡门塘村根据便捷的区位优势、山水相依的自然资源、千亩林果的农业特色和汉回相融的文化底蕴，充分挖掘了农业农村的多元功能和价值，提出"以特色文化兴产业，以特色节肆促产业，互联网及电子商务平台拓市场，品牌扩效益"的方针，走出了一条一产三产联动发展，助力乡村产业振兴之路。

（一）品牌效应提升产业附加值

村庄注重以品质创品牌，在保障产品品质的基础上，将"土特产"打造为"品牌货"，提升附加值，增强市场竞争力。包括"城湾"牌白凤桃、"阳湖"牌魏可葡萄、"城湾"牌夏黑葡萄、"湖景"牌水蜜桃、"阳湖"牌金田翡翠葡萄等品牌现在均已入选省级以上农产品品牌目录。

为进一步扩大品牌效应，村委会牵头，对外积极参与各类评优评奖与认证活动，包括"城湾"牌夏黑葡萄获省"神园杯"金奖，"城湾"牌白凤桃、"阳湖"牌魏可葡萄获省"神园杯"银奖，"湖景"牌水蜜桃获省优质桃果评比银奖，"阳湖"牌金田翡翠葡萄获省"中山杯"银奖，"金葡"牌葡萄、"城湾"牌鲜梨获常州市名优产品称号，多个品牌通过"绿色食品""有机食品""无公害食品"三品认证。另一方面，村庄也对内积极开展各类宣传和评比活动，例如开展农特产品包装创意比赛，主要针对桃、梨、葡萄、橘子等水果，茶叶、黄酒、大米、团子、桃胶等民俗特产以及太湖三白、甲鱼等水产进行包装创意设计，进一步打响了雪堰旅游品牌和农特产品知名度，有力提升了城西果品的品牌形象。

（二）文化特色助力乡旅发展

陡门塘村充分接受区域辐射效应，与嬉戏谷、孝道园等景区互补、协同发展。围绕"清真文化、回民风俗"进行旅游活动策划，创建八"回"主题项目，大力发展特色乡村游。2017～2021年底，陡门塘村已建成14家各具特色的休闲观光型农家乐，开发了多条"农旅休闲"旅游线路。

陡门塘村也结合四季特征，创办了丰富的乡土节肆活动，打好特色农旅牌。2021年3月底，斗门塘村联合雪堰镇政府成功举办了第七届雪堰桃花节暨太湖湾淘春季，7月底联合常州市伊斯兰教协会举办了清真美食节暨采摘节，多年来持续宣传回民村清真饮食特色，让更多人了解民族文化，同时也促进了水果销售。

图 24 茶果品牌

主题		特色	项目
• 乡村风貌	回乡	"田园水乡、流连忘返"	梨、桃、葡萄采摘
• 水田相接	回游	"水绿相依、源源不绝"	水景项目、荷塘观光、荷塘诗社、荷塘婚庆
• 生活作息	回宿	"正身清心、修性养身"	回民民宿、清真建筑观光
• 饮食习惯	回味	"佳美洁净、节制适度"	清真美食区、农家乐
• 心理养生	回道	"放下包袱，轻装前行"	茶园观光、茶叶采摘、八宝茶品鉴
• 回式医养	回疗	"东西合璧、药食同疗"	回式医养文化科普、体验
• 斋戒民俗	回韵	"清心寡欲、欢乐交往"	斋戒民俗体验
• 特色物产	回产	"回产农品"	特色（梨、桃、葡萄）有机农产品销售

图 25　八"回"主题项目

图 26　特色乡村旅游

(三)人才回流助添乡村活力

截至目前,陡门塘村已吸引了近20位高校毕业生和外出务工人员回乡创业,从事农产品电商、果品批发、休闲旅游等行业。其中较有特色的是大学生村干部创业项目"雪堰至诚农业休闲观光服务部",该项目以挖山笋、小溪摸鱼、土灶做饭等定制化旅游为亮点,为乡村产业发展提供了新思路。

图27　大学生村干部返乡创业

同时村庄也重视开展新型职业农民培训工作,以特色产业为亮点,邀请科协、农林等部门定期开展果树栽培、田间管理、科学施肥、农村电商等新型职业农民培训活动。2018年以来每年累计开展各类培训讲座12次,惠及农民千余人。

(四)"五融"工作法促进党建引领乡村振兴

陡门塘村以党建为引领,大力推行"五融"工作法。在村党总支带领下,村庄实现了从特色乡村,到特色经济的华丽转身,走出了一条党建引领资源融合、产业融合、文化融合、人才融合、治理融合的乡村振兴之路。具体可以概括为:充分融合政策和各类社会资本,用于村级建设,发挥政策和资本的杠杆作用;以高效农业、乡村旅游作为发展主线,利用区位优势主动融入太湖湾旅游度假圈;注重融入民族元素,彰显特色文化和独特意境,传承保护非物质文化遗产,以特色民俗激发乡愁记忆;鼓励大学生村干部、农技、旅游等乡土人才、乡贤代表等回村创业就业、传经授道、帮扶济困;在全镇首建"振兴议事堂",融党员代表议事、村民代表议事、村监委议事于一体,聚村民之智、助村民自治。

同时村庄重视党建工作在乡村振兴中的带头示范作用。通过党员亮身份行动、定岗定责、示范评比,在乡风营造、创建项目施工中,在志愿服务、环境维护等工作中，党员带头实践，使乡村建设真正从"带着干"转变为"一起干"。

（五）建立健全乡村治理体系，文明实践提升村民幸福指数

陡门塘村通过开展多种工作提升乡村治理水平。村两委充分发挥党总支的党建引领作用，定期召开会议，制定村规民约和自治章程，协商解决各类矛盾和问题，有效保障了相关项目的有序推进。邀请上级领导及有关部门共同推进乡村规划建设，发动村民小组长、有威望的乡贤参与讨论，并积极向村民宣贯乡村建设内涵。鼓励和发动村民主动参与美丽乡村建设，使部分农闲村民主动参与到土建、绿化种植、道路养护、村庄保洁等工作中来。

积极开展新时代文明实践活动，筑牢宣传阵地。陡门塘村以城西村史馆为主要阵地，与梧桐理论宣传队、小星星志愿服务队等优秀志愿服务组织结对共建，开展美丽乡村采风教育、"回民马灯"非遗传承、精品果园种植技术培训等丰富多彩的实践活动。依托道德讲堂、国学长廊、科普示范教育基地等资源，村内定期组织开展文化道德宣讲、乡贤故事、国学讲坛、科普培训等活动，推进乡贤文化建设，引导村民崇德向善，提升村民归属感、获得感和幸福感。

第三节 可以复制的经验分享

（一）美好家园共同缔造，全过程驻场陪伴服务

1. 村民参与，共同缔造

在乡村规划设计和乡村建设工作方案制定过程中，陡门塘村立足群众需求，定期组织召开村民代表大会和党员代表大会，就特色田园乡村建设内容进行讨论，收集村民意见和建议，并将之融入规划和建设工作中。同时组织村小组长和党员代表前往苏州旺山村和无锡阳山镇开展调研，学习当地先进建设经验，并鼓励新乡贤、老匠人、当地企业家参与，共同推进建设工作。

图28 村民参与建设

第六章 太湖灵秀地，风情陡门塘

2. 设计师陪伴服务

陡门塘特色田园乡村建设全过程指导均由专业项目团队承担，真正实行了设计师负责制。设计师积极开展"陪伴式"设计，从专业设计师转变为"村民"设计师，及时跟踪指导项目实施，同时将地域特色、民俗民风、村民诉求等融入设计中，并不断进行动态优化调整，确保设计成果落地。

（二）创新工作机制，确保规划方案有效落实

在乡村建设实施过程中，各级部门高度重视，雪堰镇制定了专门的工作方案，

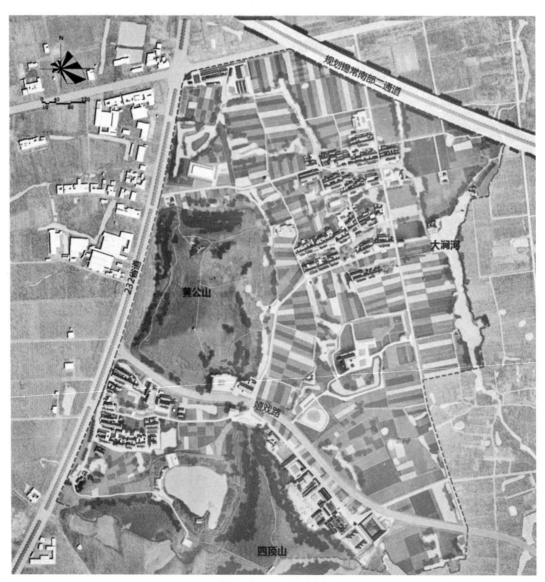

图29 乡村规划平面图

由镇主要领导牵头，在城西回民村设立创建指挥部，组建综合协调、规划建设、产业发展和督查审计4个工作组，实现区镇村三级联动、设计单位全程参与。围绕项目建设目标，指挥部建立工作例会和项目实施协调制度，实现设计方案和工作方案有效对接。市、区领导高度重视，多次带领相关部门负责同志，对陡门塘特色田园乡村建设进行专题调研，并召开专题会议，研究论证建设方案，明确建设要求，保证了设计方案和工作方案的有效落实。

（三）积极探索三块地改革，有效盘活闲置资源

陡门塘村扎实推进宅基地改革试点工作，先期开展了宅基地数据调查、确认、审核等工作，对符合保障对象、权属来源、使用面积等要求的68户农户颁发了不动产登记证。同时也积极探索宅基地三权分置试点工作，搭建农房合作社平台，引导村民以房入股，规范农房出租方式，增加农户收入的同时又解决外来务工人员的居住难题，目前已入股农房7户800余平方米。创新民宿开发新模式，以社会资本为主体，村集体参股，村民农房入股，合作开发具有民族特色的民宿项目，目前已有意向农户13户。

陡门塘村全力推进土地资源整合，利用农村土地精细化整治，盘活资源，结合退二进三和土地复垦，不仅解决了乡村建设用地，也使集体资产得到增值，实现出让入市53.5亩，收益289万元，租赁入市70亩，收益37.6万元。有效盘活农村空闲和低效用地、闲置农房和宅基地，提高了土地利用率。

图30　鸟瞰实景图

（四）老建筑＋新创意，彰显乡村地域文化

村庄内现存一处近百年老宅，因久无人居住而荒废，处于屋塌墙倒、梁折柱斜的状态。村庄依托专业设计团队对其进行了抢救式修复保护工作，通过搜集原始资料，聘请老工匠进行修葺，利用原有大木作构架与部分木饰石雕，还原展现了原有建筑风貌。同时积极对接区文广新局，以老宅为核心开设乡村美学馆，兼顾村民阅读、议事、党建等功能，现已成为村内展示文化传统和开展创意活动的公共空间。

针对村内的回族清真寺，陡门塘村完善了现存的配套设施和礼仪性的空间场所序列，在周边铺设亭廊以供村民游览休憩，形成完整的"围寺而居"的空间格局。同时，架设步行桥连接规划扩建的篝火广场，形成村中最重要的大型公共活动空间。

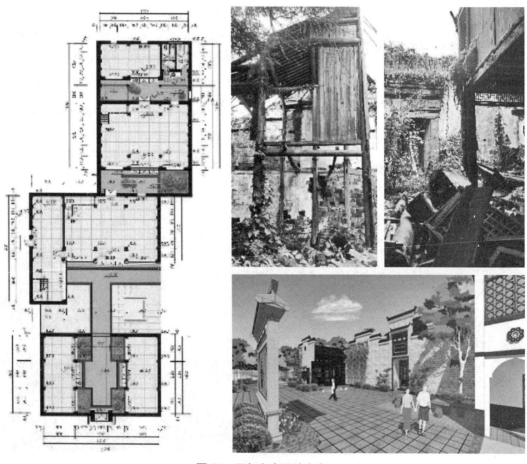

图31　百年老宅设计方案

图 32　百年老宅改造效果

图 33　清真寺改造前面貌　　　　　图 34　清真寺改造方案

图 35　清真寺改造后效果

（五）挖掘彰显民族文化特色，非遗传承与时代同频共振

在乡村建设过程中，陡门塘村尤其重视挖掘和保护特有的非遗文化及传统民俗——回民马灯。回民马灯起源于元朝，是一种以马灯为主，武术、滑稽为辅的民族舞蹈，一般在正月十五元宵节时表演。

为做好文化传承保护工作，陡门塘村建立了非遗项目传承人经济资助制度。

具体包括：通过新闻媒体，加大舆论宣传，调动广大群众传承保护的积极性；运用文字、数字多媒体、互联网等多种方式和技术对回民马灯文化进行全面系统的记录、整理，建立档案及相关数据库，并妥善保存相关代表性实物；组建专业回民马灯演艺团队，集非遗研究、表演、制作于一体，将回民马灯发展成为既具有文化传承，又具有商业表演价值的一项活动。在马灯活动策划方面，陡门塘村以村内篝火广场为活动空间载体。策划回民马灯的表演场所与巡演路径，并积极组织马灯赛事、马灯文化展览、表演技术交流会等活动，同步组织抖音、快手等平台的线上直播，为回民马灯的文化保护营造良好的社会氛围。

图36　回民马灯表演

图37　回民马灯活动路线

乡村建设者访谈

访谈对象：城西回民村党总支书记吴卫丰

《样本》：可以简单介绍一下村里的基本状况吗？大家的生活状况如何？

吴卫丰：城西回民村是苏南地区唯一的少数民族聚居村，这里依然生活着大量的回民。陡门塘村作为其中的一个自然村组，全村风景优美，735名汉回民众在此和睦相处。全村辖区均处于太湖湾旅游度假开发区范围内，锡宜公路、232省道、苏锡常南部高速公路贯村而过，交通便捷。通过各级政府的正确领导和支持，通过全体村民的共同努力，目前村庄人居环境优异，人民生活富裕，村民依法自治，走上了一条发展科技兴农、生态惠民、独具特色的民族小康村之路。昔日的"贫困村"变身"新农村示范村"，实现了脱贫、致富、奔小康的"三级跳"，在特色产业、社会事业、环境创建等工作中都取得了丰硕成绩。

《样本》：2017年以来陡门塘村的环境得到了质的飞跃，村里围绕"清真文化、回民风俗"进行旅游活动策划，2021年接待游客达28万多人次，这些游客是从哪里过来的？村里有对乡村旅游进行宣传吗？通过哪些方式？

吴卫丰：这些游客大部分来自常州周边城市，相当一部分是经过太湖湾旅游度假区（如嬉戏谷、露营谷）的游客慕名而来体验乡村风情，还有一部分来自各大旅行社、研学机构、党校等地方，他们专程来品尝陡门塘的特产美食、寻觅特有的汉回风情、游览美好的乡村风光。村里没有刻意的宣传机构，主要通过雪堰镇的桃花节、旅游节、美食节及各类媒体进行宣传（比如学习强国、微信公众号、抖音等）。更多的是来的游客的口口相传。

《样本》：接下来您认为陡门塘村应该从哪些地方着手发展，推进乡村建设？

吴卫丰：我们会在现有的特色乡村游基础上，利用陡门塘位于太湖湾大景区核心区的优势，向"乡村微度假、特色民宿、民族风情农家乐"等方向转变，加强特色民族文化建设，不断促进富民增收，寻求可持续的乡村振兴。

《样本》：您认为贵村当前的困难和瓶颈是什么？下一步有什么解决计划吗？

吴卫丰：由于发展乡村旅游致富需要一个过程，而本地的生态环境限制了工业的发展，村集体经济在苏南区域还是比较薄弱，对后续的发展形成了制约。在解决村集体经济收入问题方面，需要发展物业经济。2019年我村收购一处农家乐，给第三方打造民宿实现租金收入；2021年收购本村一处厂房，修缮后对外出租，两处物业的租金收入,在原有的集体经济收入的基础上翻了两番。

《样本》：陡门塘村在推进贵村乡村建设后,村民的生活水平得到了显著的提升,您认为有什么做的好的地方？哪些经验可以让其他乡村建设中学习呢？

吴卫丰：首先,村民的居住环境得到了极大的改善,水系疏通、道路硬化、屋舍整洁；其次,农副产品的销路实现了很好的拓宽；然后,利用特色文化发展乡村旅游。我们村的做法是一次规划,分步实施,利用村里现有资源,用最少的钱打造最美的景。

专家点评

农旅相融合,铺就"富民路"

陡门塘是江苏省特色田园乡村建设首批试点45个村庄之一,从江苏省特色田园乡村申报到批准再到有序建设的全过程,陡门塘在五年的时间内取得了质的飞越,为了巩固提高已有的建设成效,村庄建立了适宜的长效管护机制。

(一)乡村规划和建设工作创新

1. 乡村规划创新

陡门塘的规划在现状调研、分析研判的基础上,强调了整体策划、空间规划、村庄设计、建设计划的相互衔接和有机统一。

产业策划创新是富民强村的基础,陡门塘村走一产三产联动、富民产业优先发展的模式。空间规划是特色的载体,陡门塘村规划依据地形地貌、村庄与田园的图底关系和农业种植的分布情况,整体上形成"山、水、田、村"相互交融的空间结构。规划在区内统筹整合原有设施并新增公共设施,设计游览、采摘、登山、滨水等特色旅游路线,将各个区域整合形成集生产、生活、游览、体验、休闲、娱乐为一体的田园乡村。村庄的建设在多规合一的基础上,改善生活条件和乡村环境。完善村落的形态与功能,对接太湖湾区域旅游的发展,打造了具有标志性的重要节点。总体建设包含了生态保护、土地整理、产业发展、配套提升和村庄整治5个方面计划,共计17个项目。

2. 工作创新

聚焦富民强村方面,积极完善城西回民村股份合作、农民合作社集体产权制度改革,加强农村集体"三资"管理,推动集体资产保值增值,形成集体经济发展和村民增收的长效机制。研究出台农业产业引导扶持政策,为职业农民创业就业提供可靠的智力和服务支持。制度提升方面,深化农村土地承包经营权流转改革,推进农村土地"三权分置",多种方式流转土地经营权,鼓励村集体股份经济合作社参照标准收回农民承包地,开展规模经营。鼓励个人将农村历史建筑房产通过多种方式交村集体或政府保护管理。本土文化传承方面,深挖陡门塘汉回传承的文化特色,总结形成民族融合的成熟模式,建立非遗项目传承人经济资助制度,对于回民马灯进行重点保护。

(二)质的飞跃

陡门塘村按照"特色、田园、乡村"

三大主题，紧紧围绕"水系、道路、景观、文化、旅游"五大元素，做好"土地改革、特色旅游、富民增收"三篇文章，走出了一条资源融合、产业融合、文化融合、人才融合、治理融合的乡村振兴之路。整个自然村取得了质的飞越。

产业兴旺：一方面与周边的太湖村、雅浦村、南山村等美丽乡村结合起来做好乡村旅游业，融入"外循环"。另一方面打造"内循环"，将陡门塘打造成集文化、休闲、娱乐、科普等为一体的乡村旅游点。**乡村宜居**：一方面完善林果园区景观整治，建设百花迎宾路、桃梨飘香路、葡萄廊道；另一方面加强对农房院落整治与提升，通过景观整治与提升，使陡门塘成为"村在景中、人在画中"的现代桃园。**道路便达**：以道路系统建设为"重头戏"，建设形成一级道路联系环太湖周边区域，村庄二级道路串联主要功能区，三级道路慢行交织各家各户、田头林间、休闲景点的乡道体系。**文化交融**：复建乡村美学馆，更新改造清真寺，积极打造汉回交往交流交融的篝火广场、村南游客中心新建项目。

（三）长效管护机制

村委确定了管护资金有来源和年度预算金额，通过引入第三方企业物业等方式进行了更为专业的管理维护。全村充分发挥党建引领作用，定期召开会议，制定村规民约和自治章程，协商解决各类矛盾和问题。在后续的更新及改扩建中，积极鼓励村民、乡贤、乡村设计师、乡村工匠、社会资本等多元主体参与。

在特色田园乡村的日常运转过程中，能够保持良好的三生相融的状态。具体做到村庄供水、排水、供电、道路、杆线、路灯、燃气等基础设施的使用与维护情况良好，无破损、滴漏等现象，污水处理设施的运行情况良好。村庄的垃圾分类收集工作有序开展，生活垃圾日产日清，无暴露垃圾和积存垃圾。绿化采用乡土植物，自然经济易于打理，管理养护得到长效落实。其他的各类产业服务与公共服务配套设施均能保证良好的使用与管养状况。

江苏省于2017年启动特色田园乡村建设，并将此作为"强富美高"新江苏和"两聚一高"新实践在"三农"工作上的总抓手。作为江苏特色田园第一批试点示范的优秀案例，陡门塘已成为承载田园乡愁，富有地域风情，体现现代文明的乡村振兴典范！

董文俊
南京长江都市建筑设计股份
有限公司总经理

第七章 金砖水乡，旅美祝家甸

江苏省苏州市昆山市锦溪镇祝家甸村

样 本 概 况

祝家甸自然村（以下简称"祝家甸村"）隶属昆山市锦溪镇朱浜行政村，村庄三面环水，拥有独特的砖窑文化和迷人的湖荡风情。祝家甸村拥有古砖窑这一独特的历史资源，村庄东侧的古窑群遗址为省级文物保护单位，是华东地区仅存的保存完整、规模较大的一处砖窑遗址。村庄北、东、南三面是苍茫一色的长白荡，拥有原始的湖荡风光，生态优势明显。目前祝家甸村区域面积711亩，耕地254亩，鱼塘276亩，有268户，人口786人，人均收入达到了33126元。

2015年，由中国工程院院士、建筑大师崔愷担纲设计，对祝甸砖窑厂进行了升级改造，改造后的砖窑文化馆获得了2016

图1 祝家甸村鸟瞰图

年"全国优秀田园建筑实例一等奖",开启了祝家甸乡村旅游产业模式,也为村庄迎来了特色田园乡村建设的契机。2017年3月,祝家甸村成为《当代田园乡村建设实践倡议书》发起地。近期,锦溪镇开始进行祝家甸古砖窑保护与改造项目,通过重点打造古窑文化园,让具有滨水生态和砖窑文化的村落重新焕发生机。

图2　砖窑文化馆鸟瞰图

图3　砖窑文化馆北立面图

样本建设情况解读

第一节 丰富实施路径，助推乡村经济发展

（一）发展特色主导产业

为打造"祝家甸·金砖水乡"，祝家甸村以砖窑文化创意产业为特色，以有机农业为主导，以乡村旅游产业、体育休闲产业为辅助建立了村庄产业体系。重点针对砖窑文化创意产业发展，完成祝家甸砖窑文化馆的内部改造，同时增设金砖博物馆，通过声光影技术、沙盘动画、亲子手工体验等方式促进村庄文化产业发展。

（二）延伸农业产业链和价值链

祝家甸村于2019年9月完成119亩农田整治梳理工作，增设步道和露天营地，完成采摘果蔬园建设，发展休闲观光农业。依托金砖文化和农耕文化，挖掘农业农村的健康休闲、文化创意等功能，采取"生态+"模式，开设果蔬采摘园，提升农产品附加值。同时采用"互联网+"模式，销售特色农产品"锦溪大米"，有效延伸产业链。做好"窑文化+"，制作金砖文创产品，开设祝家甸窑烧咖啡厅、米汀意大利餐厅窑洞餐宴等商业项目，促进一二三产业的融合发展。

（三）打造地域特色农产品品牌

祝家甸村积极打造特色农产品品牌，形成了具有地域特色和竞争力的"锦溪大米"。所属锦溪镇凭借"水韵稻香"特色，作为省级农业特色小镇亮相"双新双创"博览会，所属行政村朱浜村入选2018年江苏省休闲农业精品村。农产品加工业产值与农业总产值比由2017年25%提升至2020年35%。农产品电商销售比例提升至20%。

（四）壮大村级集体经济，提升村民收入水平

为推进农民持续增收，行政村朱浜村通过引导，带领农户组织成立了朱浜村农村社区股份专业合作社以及朱浜村农地股份专业合作社，帮助农户实现"入二社拿二金"，即以资金入社拿股金，以土地入社拿租金。目前村庄农田均由农村社区股份专业合作社种养，规模经营比重达100%，祝家甸村农业现代化水平持续提升。

2018年，朱浜行政村村民年均收入36710元，同比增长5.48%，高于昆山市4.8%的平均水平。其中祝家甸村主要通过引入社会资本作为第三方运营单位，管理运营祝家甸文化旅游项目，旅游业发展带动提升村民租金收入；通过出售采摘园有

机蔬菜和开设乡村集市来提高村民农产品销售收入。

（五）吸引各类人才下乡创业，外出务工人员返乡就业

为进一步强化产业发展，祝家甸村开展了一系列工作，包括邀请乡伴旅游文化发展有限公司作为第三方单位管理运营砖窑文化馆和精品民宿；吸引两户青年回乡帮父母开设民宿；邀请大闸蟹养殖能手屈国平回村发展养殖业，带动周边养殖户同步增收；累计举办20余次乡村集市，惠及百姓300人次，吸引大量的文创爱好者、外出务工人员、当地百姓返乡参与。另一方面，村庄也积极组织开展新型职业农民培训，培育知识型、技能型、创新型的新型职业农民队伍，组织村民参加市级层面举办的各类新型职业农民培训，每年平均组织开展各类技能培训48场，涉及水产养殖、粮油种植等，为朱浜村祝家甸试点特色农业发展提供人才保障。

（六）发展乡村旅游

经过开展"祝家甸古窑文化园精品民宿"建设，村庄共开业运营精品民宿10栋21间，并聘用了10多位60后民宿工作者，随着村内游客的增多，也带动了村内自主经营民宿6家、农家乐2家。同时祝家甸村借助锦溪全域游格局，打通湿地、稻田、砖窑文化馆、古窑遗址公园等特色区域的道路联系，完成锦溪长白荡环湖廊道，打造出全村域休闲体验路线，吸引相关课程、环湖骑行活动在村内开展。据统计，2020年祝家甸村接待游客数量已达到13万人次。

图4　昆山文保单位——朝阳桥

（七）推进建设重点项目

1. 祝家甸砖窑文化馆

砖窑文化馆项目原属锦溪澱西砖瓦二厂，停产后经改造建成，建筑采用轻钢框架承重体系，临近祝家甸村庄和古窑群遗址，作为曾经的金砖制作加工地，项目承载着悠久的烧砖文化历史。经过中国工程院院士崔愷担纲设计，项目建筑在空间上较好地保留了砖窑原来的构造、脉络肌理，内部采用生态竹木、轻钢、土瓦等材料，使人能够直观感受造砖文化。该项目独特的改造与创新，如同针灸般刺激着乡村风貌建设，带动了整个乡村的文旅复兴。

砖窑文化馆内部容纳了窑烧咖啡、萱

样本建设情况解读

图5　砖窑文化馆和原舍民宿鸟瞰图

草书屋、众创空间、文创市集、乡伴创客多种业态，涵盖了会议、展示和教学等多种功能。通过一系列文化教育培训类的活动，不仅激发了乡村创业创新的生命力，传承了锦溪古窑的匠人精神，也带动了整个村镇的文化和艺术复兴。

2. 祝家甸古窑文化园精品民宿

祝家甸古窑文化园精品民宿又名原舍祝甸，与砖窑文化馆隔水相望。项目紧邻长白荡风景区，由10栋两层建筑共同构建而成，其中5栋临湖而建，具有较好的度假视野。整栋建筑通过内庭院被串联起来，

图6　原舍民宿

每栋民宿都呈现着江南水乡民居的特色，距村庄仅有几分钟步行路程。客房区域可满足不同的入住需求，每一幢客房都配有观景庭院、露台、公共休息区与开放式厨房。建筑内外采用当地材料，原生态铺装，尤其采用本地砖窑烧制的砖块，地面的金砖、墙上的装饰，每一处细节都能够体现当地的特色砖窑文化。

第二节　创新工作机制，打造生态宜居乡村

（一）建立村庄长效管护机制

祝家甸村按照政府主导、分级负担，集体补充、群众参与，社会支持、多元筹集的原则，逐步建立完善了"有制度、有标准、有队伍、有经费、有督查"的村庄长效管护机制。包括设置1名村庄专职网格员在村域内开展巡查工作，聘请第三方物业公司对砖窑文化馆周边的交通秩序及现场环境进行维护，解决和处理好农房翻建现场施工管理方面存在的各类矛盾等。

（二）保育维护自然生态环境

祝家甸村通过实施水环境整治工作，保护、修复、提升了乡村自然环境，构建了"生态优、村庄美"的田园乡村景观。包括配备5名村庄河道清洁员进行全天管理，按照《朱浜村河道保洁员岗位职责》对河道进行全面清洁，确保村内无断头浜，无有害水生植物、垃圾杂物和漂浮物。

图7　河道治理

（三）完善村庄基础设施建设

祝家甸村依托"村庄环境和基础设施提升"工程，完成了村内道路改造和宅间路、人行道的改善优化工作。采用砖石、沥青等乡土生态材料对道路进行铺设，完成道路改造1200米，并完善配备路灯。在砖窑文化馆、民宿和村内各配有一个规模合适的生态型公共停车场，可停放车辆共

计30余辆。在全村范围内进行自来水管网改造,使自来水入户率达到100%。建设总长为1641米的农村生活污水处理管网,将分散生活污水统一集中收集,处理达标后排至周边河道内。目前全村三线已全部到户,杆线架设有序。制定天然气管网进村工作计划,计划2年内完成天然气管网施工工程。

(四)垃圾分类收运建立长效管理养护机制

在垃圾分类收运方面,村庄依据制定的《朱浜村陆地保洁员责任书》《朱浜村环境卫生长效管理保洁员考核细则》《公共厕所保洁协议》《美丽田园乡村管理公约》,配备专职人员巡查检查,坚持垃圾日产日清,确保无暴露垃圾和寄存垃圾。在绿化养护管理方面,村庄依据签订的绿化养护协议对已完成的祝甸绿化景观一标、二标及以村内绿化景观提升等工程进行日常维护。

图8 祝家甸村垃圾分类亭

(五)完善村内公共设施配套管养运营

村内配有村公共服务中心,内设便民服务室、农家书屋、医务室、老年活动中心以及党群服务点,另配有村民健身场所等。配备专职保洁员定期清洁、维护,确保使用便利、安全。

图9 村内公交候车厅

第三节 强化社会治理,建设文明和谐乡村

(一)党建引领乡村建设力量

祝家甸村发挥党支部堡垒作用,结合党员先锋"十带头"实践活动,发动党员带头作用。通过"党员示范岗""志愿服务岗"等途径,每人走访10~20位村民,宣传乡村振兴的积极意义,鼓励村民群众主动投工投劳参与乡村建设。

第七章　金砖水乡，旅美祝家甸

图 10　祝家甸村党群服务点

图 11　打连厢活动

（二）开展新时代文明实践工作及相关文化活动

祝家甸村通过组织开展三八妇女节表演、诗歌民谣节等镇村两级公共文化活动，积极推进新时代文明实践。通过举办礼仪培训、垃圾分类专题讲座、体育健身类活动，强化村民精神文明建设，提升村民道德文明素质。在大礼堂举办文艺和戏曲表演，丰富老年人业余生活。开展读书节亲子共读活动、"扫黑除恶专项斗争"宣传活动，不断增加村民的凝聚力和向心力。

图 12　挑花篮活动

挖掘丰富拜大太太庙、打连厢和舞龙等祝家甸特色民俗文化内涵。每年举行 5 次以上打连厢活动，在农历新年举行舞龙活动，丰富村民文化生活。

（三）强化村民自治组织和乡贤示范引领作用

组织开展锦溪好人、文明家庭等各类评比活动，评选出五好家庭示范户、朱浜村好媳妇、朱浜村好夫妻、女性优秀企业

图 13　舞龙活动

家代表等荣誉称号，通过评选先进人物引导村民崇德向善。成立朱浜新乡贤宣讲团，弘扬乡贤文化，积极引导乡贤广泛参与乡村建设。

图 14　妇联活动

图 15　乡贤宣讲团

乡村建设者访谈

访谈对象：锦溪镇副镇长　王世群

《样本》：祝家甸村针对砖窑文化创意展开产业发展，发展乡村旅游，打造地域特色农产品品牌，让祝家甸村民2020年人均收入达到了41888元，请问，在这个祝家甸飞跃发展的过程中，是否遇到什么困难？当时如何解决的。能否展开讲一下？

王世群：困难当然有，当时我们村农民收入较低，缺乏特色产业。后来村里通过项目工程，提高当地百姓务工收入。通过旅游业发展，带动周边房屋出租，提高百姓租金收入。通过采摘园有机蔬菜出售和乡村集市开设，提高百姓农产品销售收入。朱浜村农地股份合作社也充分地利用了村上的土地、器械等资源，有效地降低了农户经营的风险，村上也会分发分红给农户。社区股权分红从无到有逐年提升，2018年，全村3229人，人均达到50元，农地股份从2009年5月成立以来，流转每亩604元，到2018年流转每亩822元，农民的收入增加，生活质量也一年比一年高。

《样本》：村内是否还有一些生活特别困难的村民？村里有没有对他们进行帮扶？落实的情况如何？他们的困难是否得到了有效的解决？

王世群：为解决当地百姓就业问题，聘用劳动保洁8人、蔬果种植3人；聘用盘窑大师傅3人，建设项目用工30人，绿化养护24人；优先聘用有劳动能力愿意参与的村民参与环境整治工作，长期劳工18人，短期劳工16人。提升百姓致富理念，盘活闲置房屋资源，自主创业民宿6户（其中青年返乡创业2户），农家乐2家，对外出租民房5户，每栋房租收益达3.5万元/年。村里累计举办20余次乡村集市，惠及百姓300人次。积极培育新型职业农民2人，每年平均组织开展各类技能培训48场，通过讲解、实际操作等方式提高全村农民的专业水平，带动村民提高农业收入。

《样本》：祝家甸从2015年就邀请了中国工程院院士、建筑大师崔愷担纲设计对祝甸砖窑厂进行升级改造，开启了祝甸乡村旅游产业模式，当时村里是怎么考虑的？规划设计初衷和理念是什么？

王世群：江苏省特色田园乡村试点建设启动以来，锦溪镇紧紧围绕乡村振兴战略，贯彻落实省、苏州、昆山对特色田园乡村建设的工作部署，积极按照"行动计划"和"试点方案"的目标要求，有序推进祝甸特色田园乡村建设，积极培育特色产业，不断提升人居环境水平，营造良好乡风文明，取得了阶段性成效。锦溪镇联合昆山城投公司委托中国建筑设计院有限公司完成《昆山市特色田园乡村试点规划（锦溪镇朱浜村祝家甸村）》，在全面分析文化、产业、生态等背景基础上，提出了打造"祝家甸·金砖水乡"的规划目标，规划发展以砖窑文化创意产业为特色，以有机农业为主导，以乡村旅游产业、体育休闲产业为辅助的产业体系。

《样本》：您认为祝家甸当前发展的瓶颈是什么？需要强化哪些工作？

王世群：我们在积极推进和深化探索的进程中认识到，项目在带动富民方面实质性效应还未有效显现，在提升乡风文明和推动乡村复兴上还有待进一步推进。对此，我们下一步的想法是，一方面发挥项目的带动效应，培育该项目茁壮成长和成熟，通过提供更多创业就业机会，带动周边民宿和乡村旅游发展，在旅游富民上逐步发挥切实拉动作用。同时不断提升美丽村庄的硬环境和乡风文明的软环境。另一方面发挥项目导向作用，为周边有条件的村庄提供依托自身"水、园、田、居"等特色资源来发展乡村旅游的思路和参照。

《样本》：您认为祝家甸在未来会遇到哪些机会和挑战？瓶颈是什么？需要强化哪些工作？

王世群：紧紧围绕"聚力创新求突破、聚焦富民补短板"的目标要求，坚持立足锦溪生态、人文特色，推进旅游资源多元整合，依托"水、园、田、居"资源做好"乡村+旅游"融合，通过典型示范，以点带面构建全域旅游格局，全力提升旅游富民效应。

锦溪镇将在市委、市政府的正确领导和统一部署下，用足生态优势，突出富民导向，深入探索强村富民乡村复兴之路。**一是全力做优生态**。发展乡村旅游产业，关键在保护好、开发好乡村自然的生态环境和朴素的生活风格。对照祝家甸自然村开展环境综合大整治，改善田容田貌和村容村貌，持续优化生态宜居环境，形成现代"鱼米之乡"的农村新景象。**二是全力做美环境**。加强规划引领、优化村庄布局，有序推进农房翻建工作，健全完善相关政策措施。注重河道、村道、绿化、路灯等关键要素，启动祝家甸村庄环境再提升行动计划，引导村民争创美丽庭院。**三是全力做强特色**。"十里不同风，百里不同俗"，实现"乡村复兴"，不是简单的复制，更不可能是千篇一律的路径模式。重点致力于"让农村更像农村、让水乡更像水乡"，充分发挥自身特色，着力挖掘其独特气质和历史文化积淀，盘活资源，寻求创新发展之路，不断探索农民致富新途径。

目前沿湖（长白荡、汪洋荡及淀山湖）横向串珠成链效应，初步形成祝甸－"昆山之链"首链袁甸-计家墩理想村的区域性特色。下一步我们将加快推进锦淀周一体化规划建设,建设昆山南部生态宜居滨湖城市副中心。坚持以公共交通为导向的城镇发展模式,构建水、陆对外交通体系,推动上海交通资源向锦溪延伸连接,加快融入长三角生态绿色一体化发展示范区,共建世界级湖区、世界级水乡人居典范。

专 家 点 评

金砖水乡铺前路，特田乡村展新颜

祝家甸村围绕"特色、田园、乡村"三个主题词，挖掘人们心底的乡愁记忆和对田园生活的向往，重塑乡村魅力和吸引力，带动乡村综合振兴，阐释了新时代江苏美丽宜居乡村建设的内涵。

高水平规划设计引领，建设特色乡村。祝家甸村邀请建筑大师崔愷院士领衔设计，对祝甸砖窑厂进行升级改造，将村庄原先废弃的砖厂，成功变身打造出清新雅逸的"祝甸砖窑文化馆"，并获得2016年"全国优秀田园建筑实例"一等奖，开启了祝甸乡村发展与建设的契机。崔愷院士提出的"微介入"规划设计理念，从村西边的废弃砖厂改造开始，充分挖掘当地特色民俗文化内涵，对乡村祠堂、小礼堂等旧建筑进行改造再利用，并对其周边水岸线和湖泊进行生态修复。通过着力打造古窑文化园，让集滨水生态和砖窑文化双重优势的村落重新焕发生机。

物质空间改善为先导，建设宜居乡村。依托微介入的规划设计理念，同步完善村庄产业配套、基础设施和公共服务设施，引导村民建设更新农房，优化农房翻建户型，设计了5种民宅户型供村民选择。农房风格倡导"回归自然"，提炼出"原基址、原高度、小庭院、白粉墙、青砖瓦、坡屋顶"六项元素来控制村落的建筑风貌，受到农民认可。新建农房传承江南传统建筑风格，多使用珠子、瓦片、青砖等传统材料，保证了村庄整体风貌的协调性。此外，建设不同特色的农作植物和园区，推动乡村环境的持续更新，培育特色产业。

特色产业发展为主导，建设活力乡村。祝家甸村充分依托原始湖荡风光这一独特的自然生态环境，挖掘村内古砖窑这一独特历史资源，以景观设计改造为抓手，发展了以砖窑文化为创意的特色产业，形成以有机农业为主导，以乡村旅游产业、体育休闲产业为辅助的产业体系。"生态＋""互联网＋""窑文化＋"等不同的产业发展模式，延伸产业链条，促进三次产业融合发展。如今，祝家甸村大批年轻人返乡创业，大量电影、电视剧、广告在这里拍摄，婚庆、团建活动在这里举行，成为名副其实的旅游打卡地和远近闻名的网红村。自获得江苏省第二批特色田园乡村建设试点后，村集体经济收入大幅提高，村民增收渠道不断拓宽。2020年，祝家甸村村级稳定性收入达到443.36万元，增幅达到54.34%，村民年均收入达到41888元。

2017年3月在祝甸村召开了当代田园乡村建设实践研讨会，发布了《当代田园乡村建设实践江苏倡议》，倡议"尊重乡村实际、立足现实改善、传承乡土文化、体现当代追求、激发乡村活力"，得到了社会和业界的热烈反响和回应。祝家甸村的建设突出生态环境，聚焦特色产业，注重风貌塑造，强化乡村治理，促进农民增收，各项建设工作有序推进，乡风文明更加彰显，"祝甸-金砖水乡"的品牌更加响亮。祝家甸的乡村建设是乡村生产、生活、生态"三生"空间的融合，更是从农业文明、工业文明向生态文明跨越的探索，通过"房-村-人"的改善，为乡村可持续发展注入了活力，践行了"中国要美农村必须美"的理念，回答了"建设什么样的乡村，怎样建设乡村"的科学问题，为长三角地区美丽宜居乡村建设提供了"江苏样板"。

李红波

南京师范大学地理科学学院/
江苏省城乡发展研究中心教授

第八章　紫山漫林，颐养山村

江苏省徐州市铜山区汉王镇紫山村

样 本 概 况

汉王镇紫山村位于汉王镇中心，紧靠拔剑泉景区和汉王水库，环绕紫金山，分为东西紫山两个自然村，依山傍水，环境优越，是铜山区农村人居环境整治的样板。全村共193户，占地200亩，户籍人口877人。

紫金山原名紫荆山，因山体呈紫色且长满荆棘而得名。在20世纪40年代，传言有人听到了山中隆隆巨响，猜测是金磨的转动声，紫"金"山从此替代紫"荆"山被叫响（有专家推测巨响声可能由于山体中巨型古墓塌方而产生）。

2018年起，紫山村通过村体外立面改造、道路管网完善、河道清淤、厕所革命、山体公园建设、环境绿化等7类基础建设，依托村庄自然生境，着重发展文化旅游富

图1　紫山村鸟瞰图

第八章 紫山漫林，颐养山村

民产业。打造汉王塔等地标项目，建成张伯英书院、竹坡故里、陌生云居、栖云民宿、紫金小院等10余个富民项目，带动就业200余人，每年接待游客上万人次，成为全国著名的网红村。紫山村在2019年被评为"江苏省特色田园乡村"，并入选"中国美丽休闲乡村"，在2020年获评"全国乡村旅游重点村"称号。时任全国人大常委会副委员长艾力更·依明巴海、联合国人居署主任谢里夫、省委副书记任振鹤等领导多次视察，中央电视台7频道《相约栏目》在此举办，新华社、新华日报多次在此开展专题报道，并定期承办举行国家级村跑、农民丰收节等特色民俗活动。

图2　特色田园乡村

图3　紫山村一角

样本建设情况解读

第一节 立足自然生境，建设特色美丽乡村

（一）培育特色产业，提高农民收入，建设活力乡村

紫山村依托拔剑泉景区、紫金山山体景观以及独特自然禀赋和特色资源，因地制宜发展瓜果采摘、文化旅游、民宿体验3个特色主导产业。紫金山的气候、土壤条件非常适合果树生长，紫山村在原有果树的基础上充分嫁接改良，培育优良果品。通过修建部分采摘观赏游步道，建成具有种植和采摘功能的紫金山酥梨园、紫金古栗园。

环绕紫金山建成张伯英书院，具有展览交流、古玩鉴赏、烹饪养生、民俗文化等多种功能，是汉王镇文旅产业的代表。紫山村竹坡书院由清代著名小说评点家张竹坡的后人张信和进行改造建设后，成为汉王镇第一家农家书屋。建设栖云、和园等一批优质民宿，客房量达200间以上，带动了村民就业增收。和园在住宿的基础功能上，开发文创产品、整合文产资源，注重打造特色旅游品牌。紫山宿集民宿项目采用绿色节能技术、装配式建造技术等，既践行绿色低碳理念，又巧妙适应了村庄整体风貌。

图4 竹坡故里

近年来紫山村不断打造一三产业融合类全生态链新型田园产业乡村，是汉王镇一三产业融合试点村。汉王农业科技示范园、和园文化蝶韵文化发展有限公司、张伯英书院以及岭上农业发展有限公司等利用"生态＋、互联网＋"创新发展了农业＋文旅＋电商模式，利用自身和第三方电商平台对外提供优质服务，使第一三产业与互联网电商销售服务业有机融合。截至到2020年8月份，紫山村共完成生态农业、文旅改造、互联网销售平台新建项目10个，提供销售服务6万余次，累计总值达到了5.642亿元。此外，村庄依托区位优势，实施"五花十果"园区建设，培育了软籽石榴、火龙果、葡萄、优质桃、蓝莓、草莓、大樱桃、板栗、山楂、李杏等十余种果品，建设了200多家采摘园，建成开放了玉带花海、紫藤花海、月亮湾花卉、盆景文化村等30余家花卉园区。

为进一步拓宽农民增收渠道，紫山村重视开展新型职业农民培训，定期组织志愿者免费为村民提供农业科技、汉服制作、石刻及面塑等方面的知识培训。同时成立物业公司带动部分本地村民就业，据统计数据，2017年紫山村集体收入达167万元，2018年达412万元，2019年达616万元，增长幅度高于铜山区平均水平。另一方面，村庄始终坚持人才吸引，其中为代表的返乡创业能人魏汉城，在紫山村经营徐州醉笛乐器有限公司，年营业额达200万元，吸引了大量游客前来体验游玩，致富带动效应显著。

（二）改善生态环境，完善设施配套，建设宜居乡村

紫山村通过实施雨污分流、厕所革命、集中供水、绿化亮化硬化等专项工程，使村居环境更加洁净优美，逐步实现了"山水田林人居"和谐共生。依托镇政府资金投入，村域全覆盖铺设900米雨污分流管网，实现生活污水全部入网，污水情况得到了有效治理。按照景区标准建设标准化水冲式公共厕所4座，目前无害化卫生户厕普及率达到100%，村内无旱厕。实现集中供水，自来水入户率达到100%，由自来水厂统一运营管理，确保同网同价，水质、水压、水量需求得到有效保障。村集体投入460余万元对金水河及沿岸进行清淤、改造，投入220万元开展村域周边杂物垃圾清理、清运、绿化提升工作，实施河道市场化保洁，确保水体清洁。实施村村亮工程，村庄主干道全部配备有路灯，强弱电全部下地，改变"蜘蛛网"式的乱扯乱挂现象。实施户户通工程，主干道路铺设为沥青路面，宅间路及人行道采用鹅卵石等乡土材料进行铺设，临水临崖路段设有安全防护设施，逐步实现路田分家、路宅分家。

图5　紫山村村庄巷道

为进一步巩固人居环境提升效果，紫山村制定了系列管护机制。建立了村庄生活污水处理设施运行维护长效机制，确保

设施运行常态化、配套管理长效化。建立完善的垃圾收集转运机制，分类垃圾箱入户，村内放置分类垃圾箱和大型拉臂箱，建设生活垃圾分类亭，配备专职保洁人员及垃圾运输车，实行桶车对接，做到生活垃圾日产日清。党员领导干部带头，每人承包6户家庭，推行"一人一月一元钱，农村垃圾全扫完"的长效管护机制。发放宣传单页、张贴相关垃圾分类标语，营造良好环保氛围。为村民开展"禁用、少用农药"、秸秆综合利用等方面的培训工作，长年实施秸秆还田、农业废弃物回收利用行动。拆迁养殖场、畜禽圈舍7处，确保村庄周围无畜禽养殖废弃物。2017年以来，紫山村已建成挂牌的各级各类美丽庭院、美丽家园示范户比例达到60%以上。

图6 紫山村改造前后对比

（三）塑造特色风貌，彰显特色文化，建设特色乡村

紫山村积极开展"公共空间治理""人居环境提升"工程。清理公共空间100亩，农房风貌改造293户，改造面积8万余平方米。农房改造主要以明清风格为主题，采取徽派建筑形式，使村庄与周边自然环境有机协调融合。因地制宜使用乡土材料，采用传统营造方式对农房进行精细化处理，形成乡土特色景观。村内新建农房均按照提供的样式由村民自主选择，外立面统一风格，涂布新型防水保温材料，部分墙体运用老物件和旧砖瓦作为材料，空调机位和太阳能装置均统一规定位置，确保做到建筑风格一体化。

紫山村同样注重打造村域整体风貌。包括选用旧瓦片、老磨盘、牛槽、鹅卵石等用于村庄建设，使用老式灯笼作为路灯灯罩。在村庄广场、道路等处合理摆放石磨、石碾作为村景小品或桌凳供往来人群欣赏、休憩，体现紫山地域特色。村口名牌设计为老式磨盘形状，村内候车亭、道路标识等均采用仿古设计。在紫山广场建设增加粮仓、老牛车、独轮车等元素，融入乡愁记忆。在村庄绿化过程中注重对原有的梨树、石榴树、毛竹等进行保留，种植紫薇、凌霄花、孔雀草、月季花、黑松、夏槿等乔灌木1万余棵，各类乡土草本花卉10万余株，运用对比手法，衬托植物景观，避免乡村景观"城市化""公园化""布景化"建设。

为彰显乡村特色文化，紫山村通过合理改造公共空间，建设了紫山文化广场、张伯英书院、竹坡书院、和园等文化场所，不仅满足了群众的文化生活需要，也为村庄产业发展和公共服务配套提供了物质载体。紫山广场旁的非遗文化展示厅内收集、

图7　紫山村风貌建设

图8　紫山村夜景

图9 紫金潭

图10 "振兴汉王"宣贯墙

展示了各类非物质文化遗产,还设有体验、消费区,形成了乡村民俗特色产业,使传统民间习俗、传统技艺、地方戏曲得到有效传承和保护。

第二节 突出指引作用,营建和谐文明乡村

(一)创新工作机制,确保工作成效

在乡村建设规划阶段,聘请专业设计团队全过程参与指导。在做好国土空间规划和实用性村庄规划的基础上,明确"高水平设计、高标准建设、注重特色分类实施"理念,有效落实村庄设计意图,营造乡村特色空间。在建设过程中,设计单位全程参与指导,依据实际动态调整设计,确保设计成果落地。

在乡村建设阶段,所有项目均实施规范的招投标制度与全过程监管制度。制定特色田园乡村建设资金筹集办法。加强财政资金整合并向重点项目倾斜,提高财政资金的使用效率。设立农业产业发展资金,搭建产业基金投资平台。与银行、农村信用社等金融机构开展合作,通过抵押担保制创新扩大抵押范围,鼓励金融机构通过项目贷款的方式参与特色田园乡村建设。

图11 建设紫山村山体公园

通过涉农贷款贴息、政府购买服务、专项建设资金等财政支农新方式，吸引企业、家庭农场等经营主体参与乡村建设和运营。另一方面，坚持集约使用建设资金，在保证建造品质的同时节约建设成本，严格资金审批程序，实行镇级财政报账制，专账核算，避免项目建设奢华浪费、造价过高等现象出现。

在管理维护方面，紫山村坚持建管并重，推行市场化运作模式，村庄保洁、河道管护、绿化养护全部引入市场机制。加强对村闲置房屋的统计上报，并通过区镇两级租赁平台，将闲置房屋推向市场出租，用于民宿、农家乐、文化产业等，有效盘活农村空闲和低效用地、闲置农房和宅基地，提高土地效率，助推产业发展。同时完善村规民约，引导村民转变思想观念、改变行为习惯。创新党员责任区、网格员巡查和三单督查机制，完善长效管护机制。

（二）加强乡村治理，培育文明乡风，建设和谐乡村

紫山村通过设立网格党支部，选任党员中心户2个，确保党组织坚强有力，提高村两委工作积极性。通过签订党员干部年度目标"承诺书"，明确党员担当。落实季度考核评比和半年一次民主测评，形成比学赶超氛围。规范党支部活动，定期开展主题党日、周末讲堂等基层党建活动，引导党员主动参与、积极带领群众融入乡村治理工作。由党员中心户、返乡创业能人等组成村级带头人，通过各种平台积极宣讲特色田园乡村建设的相关内容，对特色田园乡村目标内涵进行宣贯。

图12 紫山村网格服务站

通过实施"四网三员五联动"社会治理工程，建设紫山社会治理工作站，完善了便民服务、科技服务、医疗服务、就业创业服务、平安服务、文体活动、群众议事、纠纷调解等功能，打造党建统领，德治自治法治相融合的社会善治模式。注重各方力量作用发挥，鼓励发动农民群众和乡村技能型人才主动投工投劳参与村庄建设和运营管理，积极引导乡贤能人参与乡村治理。自2016年起，村庄选拔出15位乡贤，成立"乡贤协会"，兴建"乡贤工作室"，不断完善"党建引领、村委配合、乡贤协助、齐抓共管的"矛盾纠纷化解新格局，增强乡村建设发展内生动力。

村庄设立紫山新时代文明实践点，积极开展新时代文明实践工作，常态化开展

富含生活气息和情感温度的党的创新理论宣讲活动,完善村新时代文明实践点常态长效运行机制。村庄依托完善的文化体育设施,定期开展丰富的乡村文化活动,强化村民凝聚力。在汉王镇新时代文明实践所的指导下,落实组织开展法制安全、扫黑除恶、扫黄打非等各类宣传教育活动。成立巾帼志愿服务队,深化巾帼志愿服务工作,组织开展"关爱困境儿童,点亮微心愿"、妇女创业就业培训、《反家庭暴力法》宣讲等各类关爱妇女儿童活动。

紫山村注重建设村议事阵地,充分发挥村民议事会、公道会、红白理事会等村民自治组织作用,以身边榜样弘扬社会主义核心价值观。镇村每年都会评选十星级文明户、汉王好人、文明家庭等榜样,并采取隆重的形式将荣誉送到获奖者家中,在全社会形成好人受尊重、好人有好报、好人得实惠的正面导向。同时村庄也扎实推进移风易俗,通过建立健全"一约四会"制度,让"喜事新办、丧事简办、小事不办"深入人心。通过开展"家风上墙"活动,编制家风家训牌匾,以家风促民风,以民风带乡风,村民的归属感、获得感和幸福感得到明显提升。汉王镇在2019年度被评为"全国文明镇"。

图13 关爱儿童活动

图14 紫山村文化墙

乡村建设者访谈

访谈对象：汉王村党委书记　曹建联

《样本》：紫山村全村共293户，户籍人口1233人，请问当前村里人口结构情况，外来人口占比，青壮年占比？村大力发展旅游、文化、民宿及农家乐等富民产业，现在农民收入主要来源是什么？近三年人均年收入情况怎样？

曹建联：目前我们村有1233人，外来人口78人，青壮年占比50%。村主要经济来源是民宿、农家乐及旅游类、土地租金，近三年来人均收入已经达到3.4万元。

《样本》：您认为紫山村发展的成功亮点有哪些？有哪些经验值得其他乡村建设者学习的地方？

曹建联：我认为紫山村发展成功亮点主要包括地理位置优越、旅游自然资源丰富，以及在党委政府引导下的环境提升效果显著。建设经验方面，紫山村发展不是靠哪一个人、哪一部分人来完成的，而是靠广大群众共同参与、共同努力才才取得的成绩。

《样本》：在推进紫山村乡村建设的过程中，遇到的困难有哪些？印象最深的是哪几个？如何解决？

曹建联：当时面对的问题，主要是施工过程中在处理违规搭建、清理杂物时，一些年龄大的村民不理解，认为损害了自己的利益，拒不执行，镇村干部的共同努力下最终将问题化解。

《样本》：2022年初，《中共中央国务院关于做好2022年全面推进乡村振兴重点工作》即2022年中央一号文件发布，您如何理解？

曹建联：今年中央一号文件对2022年全面推进乡村振兴重点工作进行了部署。当前，百年变局和世纪疫情交织叠加，外部环境更趋复杂和不确定，必须坚持稳字当头、稳中求进，稳住农业基本盘、做好"三农"工作，确保农业稳产增产、农民稳步增收、农村稳定安宁，为保持平稳健康的经济环境、国泰民安的社会环境提供坚实有力的支撑。

要想做好乡村发展、乡村建设、乡村治理工作，就要持续推进农村一二三产业发展，带动农民就地就近就业增收。要健全乡村建设实施机制，解决农民生产生活实际问题。同时要加强农村基层组织建设，健全党组织领导下的自治、法治、德治相结合的乡村治理体系，切实维护农村社会平安稳定。

专家点评

拔剑泉边绘就特色田园乡村新画卷

回望紫山村的蜕变历程,以下几点值得乡村振兴的建设者借鉴:

一、肯于学习、善于借鉴

汉王镇党委政府主要领导,先后多次带队前往"两山理论"发源地——浙江省安吉余村参观学习,前往浙江杭州、绍兴等乡村振兴领先区域取经,积极对接浙江相关大学和智库机构,参与学习或邀请参与汉王镇乡村振兴行动计划的编制。

二、围绕特色资源,谋划功能定位

汉王镇主要领导深切认识到,大都市周边风景区内的村落,是都市人休闲度假亲子游玩的目的地之一。因此,将紫山村定位为大都市周边、云龙湖景区里的特色田园乡村,为都市人提供周末假期休闲度假服务非常契合市场需求。相应的,发展都市农业、文化旅游、民宿等三个特色鲜明的主导产业是因地制宜。

三、紧扣功能定位,抓好载体建设

紫山村挖掘自身的特色资源,创造出一个独特的文化场域,将深厚的文化底蕴、妙趣横生的典故融在美景之中,让置身其中者感受到一种独特的文化熏陶与气场滋养。紫山村对原先布局杂乱、形态简单、色彩单一的村庄进行美化,打造有丰富的文化链接点、有用心规划的旅游动线和各类活动安排的物理空间,是承载休闲度假功能的基础。

紫山村考虑到都市人来访的首要需求是停车,特别修建一个大广场,兼做停车与大型活动场地,然后围绕着既有的景点资源,规划了步行、骑行路线,进行道路拓宽改造。要想富,先修路,是最朴实的经验。路好,人来,钱就跟着来。

紫山村对传统农居房的外形进行了统一规划设计,"穿衣戴帽"后,村落形象焕然一新;在村庄广场、道路等处合理摆放遗留的石磨、石碾等作为景观或桌凳,供欣赏和休息,形成丰富多样的乡村景观,别有一番乡村味道。

四、围绕功能定位,培育特色产业

围绕着休闲度假功能定位,紫山村结合自身特色资源,聚焦都市农业、文化旅游和民宿三大特色产业发展。

紫山村依托区位优势,围绕都市农业重体验的特点,实施了"五花十果"园区建设,引导村民推出了软籽石榴、火龙果、葡萄、优质桃、蓝莓、草莓、大樱桃、板

栗、山楂、李杏等十余个果品采摘园,以及玉带花海、紫藤花海、月亮湾花卉、盆景文化村等花卉园区;充分发掘特色文化资源,张伯英书院环绕紫金山而建,集书画展览交流、古玩鉴赏、烹饪养生、民间文艺、民俗文化等于一体,是文化旅游业的典型代表;为留住游客,还引导栖云、和园等一批优质民宿落户紫山村。和园在住宿的功能基础上,注重弘扬传统文化、传承民间技艺、开发文创产品、整合文产资源,打造特色旅游品牌。紫山村在停车场斥资打造集装箱商业街,主营古镇特色旅游产品、书画家协会精品展示、特色美食小吃等,给紫山商业经济增加了活力。

产业发展依托市场力量,政府提供赋能支持。汉王镇建有完善的农民培训制度及体系,紫山村对乡村旅游、瓜果蔬菜种植等组织新型职业农民培训,定期安排志愿者为村民提供农业科技、汉服制作、石刻、面塑等知识培训。

五、立足以人为本,抓好乡村治理

紫山村在乡村治理上,形成了"党建引领、村委配合、乡贤协助、齐抓共管的"新格局,实施"四网三员五联动"社会治理工程,打造党建统领,德治、自治、法治相融合的社会善治模式,相关举措可圈可点:

紫山村设立网格党支部,定期开展主题党日、周末讲堂等基层党建活动,引导党员主动参与、积极带领群众融入乡村治理;鼓励发动农民群众和乡村技能型人才主动投工投劳参与村庄建设和运营管理,积极引导乡贤能人参与乡村治理;设立紫山新时代文明实践点,积极开展新时代文明实践工作,常态化开展富含生活气息和情感温度的党的创新理论宣讲活动,定期开展丰富的乡村文化活动;建设村议事阵地,充分发挥村民议事会、公道会、红白理事会等村民自治组织作用,以身边榜样弘扬社会主义核心价值观,推进移风易俗,弘扬时代新风。坚持以农民群众得实惠为导向,深度推进特色田园乡村创建与基层治理新探索,将一幅"环境优美、村民富足、村风淳朴"的乡村新画卷呈现在世人面前。

汪承亮
浙江长三角城镇发展数据研究院
特邀研究员

第九章 "百年渔村"绘就安庄特色田园

江苏省徐州市沛县大屯街道安庄社区

样本概况

安庄社区地处江苏省徐州市沛县大屯街道,东濒微山湖和京杭大运河,紧临龙湖大道和国家4A级景区微山湖湿地公园,距离徐州城区60公里。村庄下辖安庄和挖工庄两个自然村,共有居民701户,常住人口2918人,户籍人口2431人,党员100名。村庄耕地面积1109亩,林地面积282亩,主要种植果蔬、杞柳,自然资源丰富,地理位置优越,富有移民文化、渔民文化、运河文化等多种文化,培育生态观光、农事体验、特色工艺等多元业态。

回溯安庄的历史,清咸丰五年(1855年)黄河在河南铜瓦厢决口,山东曹州水灾泛滥,大批灾民举家南迁,涌入微山湖

图1 鸟瞰美丽安庄

西岸，濒湖结庐，垦种湖田，其中一支郓城县灾民来到大屯沿湖滩涂，"结庐于崔夷之间，以人牵耒"，定名安庄，取意安土重迁、寓意安居乐业。160多年以来，安庄移民团结奋斗、开疆扩土，先后经历了以湖为生、渔民上岸和三退还湖（退鱼、退耕、退企）三次重要转型。2018年，安庄社区进一步完善建设美丽家园，通过积极创建特色田园乡村，村庄先后荣获了江苏省水美乡村、生态文明示范村、特色田园乡村、传统村落、人居环境范例奖等省级荣誉。2020年，省委巡视组及中央督导组先后到安庄社区调研视察，一致赞叹"没想到苏北还有这样一处好地方""党的乡村振兴战略在这里得到好的落实"。2021年，村庄获批全国乡村旅游重点村，完成了"百年渔村·诗画田园"的成功转型。

图2　调研视察活动

样本建设情况解读

第一节 "湖畔明珠"的文化画卷

（一）挖掘文化元素，营建特色村庄环境

安庄社区非常重视人文资源的赓续价值，主要通过保护现存文化、补救消逝文化以及提炼隐性文化等方式，深入挖掘和传承世代形成的风土民情、乡规民约、村风民俗等耕读文明。在文化传承表现形式上，安庄社区营建了一批具有文化特色元素的村景小品，重塑了城郊元素及多元湖区等文化符号，通过讲好一条河流、一条道路、一棵古树等乡土故事，推动运河文化与移民文化、渔民文化、红色文化深度融合。

（二）推进文化载体建设，留住悠长"乡愁"

曾经的曹济移民带来了山东梆子、郓城方言、鲁西南织锦、圩子村落建筑形式等乡风民俗，让沛县文化更加丰富多彩。为做好乡村文化传承工作，安庄社区按照古渔村四合院落布局，建设了安庄移民文化展览馆。展馆总面积685平方米，设有两个展厅，展示包括"累河而迁·飞絮千里""絮团引火·名正于典""铸剑为犁·薪火相传"在内的五部分内容，全面展现了安庄百年历史，充分彰显了奋斗开拓的移民精神，成为人们穿越历史、记忆乡愁的"时光隧道"。为丰富村民文化生活，村集体投资300万元建设了乡村大舞台。舞台两边建设的百米"文化长廊"展示了村庄移民历史、荷叶落子等非遗传承。舞台可供百人团队演出，广场可容纳500人观演、娱乐，每年举办各类文艺演出、武术表演以及舞蹈比赛等独具地域特色的大型群众性文化活动50余场，受众万余人次。

图3 移民文化景观小品

图4 挖工庄文化墙

图 5 移民文化展览馆

视转播，在地方具有一定知名度，有效带动了村庄的文化娱乐氛围。另一方面，村庄每两年会举办一届"安庄渔村庙会"，通过开展美食、娱乐、灯光、花海赶大集活动，汇集各地特色小吃、地方特色曲艺表演、民间艺术表演等内容丰富沛县人民的娱乐生活，增强人们对美丽乡村的文化认同与情感归属。

图 7 国家级非遗文化——荷叶落子

图 6 乡村大舞台

（三）注重文化组织活动，丰富村民文娱生活

为丰富村民的文化生活，安庄社区积极组织文艺表演活动，邀请的文艺组织包括山东梆子剧团（团员 18 人）、安庄剧团（团员 50 人）以及村内广场舞队（队员 28 人）。值得一提的是，村内广场舞队主要由家庭妇女组成，队伍曾获大屯街道表演选拔赛二等奖 3 次、三等奖 1 次，并且应市、县电视台邀请表演 4 次，经过多次电

图 8 挖工庄渔村庙会

第二节 "守望原乡"的田园风情

（一）规划引领，协同提升农房和村庄风貌协调度

为提升乡村整体建设风貌，安庄社区规划设计按照"极致原乡、土而不俗"的原则，秉持"原乡风貌、现代品质"的建设要求，对村庄形态、产业发展、景观设置、基础设施等进行系统定位和统筹设计，编制村庄总体规划、产业规划以及控制性详规等具体建设方案。根据省级特色田园乡村建设试点村的设计定位，以移民文化为基础，以林田景观为载体，尊重渔村建筑风貌和湖畔风情特色，保护利用原有人文景观和固有乡土气息，协调建设文化多元融合、产业特色发展、田园景观怡人的复合型特色田园乡村。

在农房风貌管控建设方面，安庄社区按照总体规划，重点对村内老旧农宅进行了改善。村庄内20世纪80年代建设的房屋主要以砖木结构居多，甚至还有少许土屋房，并且家家户户的房子风格不一，排列无序。当时的老旧农宅大多都已经住了几代人，年久失修，因此在下雨天经常会出现漏雨、地面潮滑的情况。安庄社区以苏北"青砖黛瓦"式传统院落为底蕴，以生态宜居集中居住为主体，建设改善村民的住房条件，农房整体风貌呈现灰瓦白墙的仿古样式。村民生活质量得到了提升，老宅厕所由旱厕改造为卫生厕所，甚至有居民已经住上了自建式的别墅或小洋房。农房不再错杂坐落，而是整齐排列，如此

图9 田园乡村规划简图

的居住条件甚至让很多城里人都羡慕。网络也实现了户户通，居民可以通过互联网学习和接触到更多专业知识，并实践运用到农业生产生活中。

图10 村庄农房建设风貌

为提升村庄整体风貌，安庄社区按照规划设计，实施"渔村民居"肌理呵护工程，推动人居环境与文化内涵有机融合，通过遍植绿林、整治河塘、清洁家园、装点房舍等举措，重塑"村头标识、穿境小溪""房前林道、门前花卉""绿树掩映、休闲怡园"的优美景象，再现滨湖亲水的安庄映像。

安庄社区还依托微山湖丰富的生态资源禀赋，以及独特的文化底蕴，在村庄原有景观特色和乡村风貌的基础上进一步优化，按照"春观花、夏纳凉、秋采摘、冬农趣"的发展思路，整体推进耕地全部流转集约经营，规划建设景观区、森林氧吧、渔家乐体验区、民风民俗展示区4个休闲观光区。根据相关数据统计，2021年安庄社区接待游客达50万人次。

图11 村庄景观

图12 房前屋后景观

图 13 景观区"千亩杞柳"

图 14 森林氧吧的"林下花海"

图 15 渔家乐体验区的"锦绣花海"

图 16 民风民俗展示区的采摘园

（二）完善基础设施，改善生态环境，建设宜居乡村

为推进乡村人居环境提升，安庄社区有效解决了农村的污水问题。过去村庄没有完善的污水处理系统，污水主要沿道路边沟或路面排放至附近的水体。由于和雨水混合排放，造成了污水分散、难以收集的情况，严重污染了村庄生态环境。近年来，安庄村积极探索农村生活污水处理模式，因地制宜建设微动力污水处理厂1座，改造雨污管道2600米，村内每天产生的污水均会通过管网运送到终端设备，经过处理达到排放标准，最终通过灌溉沟渠完成农业灌溉。该举措不仅提高了废水利用率，还有效改善了村庄的人居环境和水环境质量。

为推动农村生活垃圾分类工作，安庄社区在2018年创新推行"垃圾不落地、分类得积分"制度，鼓励居民自觉进行垃圾分类。建立了精确到住户层级的"户分类、组保洁、村收集、镇转运、县处理"的生活垃圾收运处置体系。该举措得到了《人民日报》的宣传报道，同时也吸引了江苏省生活垃圾分类处置现场会来到安庄观摩。

第九章 "百年渔村"绘就安庄特色田园

图 17　污水处理设施

图 18　安庄垃圾分类处理站　　　　　　图 19　村内主干道路灯

图 20　渔村道路

为打造生态旅游品牌，安庄社区重视优化生产、生活、生态空间布局，开展了退渔还湖、退耕还湖、退企还湖等系列工程，依法拆除5家砖瓦窑厂，清理河湖网箱养殖、封闭式鱼塘3600亩。同时，围绕人居环境整治和乡村公共空间治理"八大提升工程"，大力开展了"三美行动"和"四化联动"工作，通过实施硬化、亮化、绿化工程，先后硬化、亮化道路3500米，完成杆线入地6000米，新增绿化8万平方米。截至目前，村庄建设水冲式公共厕所4座，农户改厕完成率100%，区域供水入户率100%，生活污水再利用率80%以上，绿化覆盖率50%以上。

第三节 "富民强村"的振兴样本

安庄社区紧密结合区位特色和资源禀赋，按照全面振兴策略，以农业全面升级、农村全面进步、农民全面发展为目标，在经济产业、人才发展、社会治理等方面探索现代乡村振兴之路。

（一）突出产业振兴，打造集体强、农民富的新乡村

安庄移民不仅为安庄带来了宝贵的劳动力和快速的经济发展，同时也带来了鲁西南多元的传统技艺，其中以裘皮工艺品、杞柳编织最具代表性。裘皮工艺起源于3000年前的商朝末期，而在如今的安庄社区，已初步形成了裘皮工艺带动性产业，同时也形成了出口创汇型企业，目前年产值可超过300万美元。杞柳编织的起源是渔民在沿湖边河岸种植时为防止水土流失，编织一些鱼篓、箩筐等生活生产工具，之后逐渐衍变成工艺制品。如今安庄社区利用便利通达的网络与交通，形成了制品产业化链条，目前杞柳编织工艺制品除销往国内各大城市外，还出口到美国、德国、法国等30多个国家和地区，年产值可达260万美元。

图21 裘皮工艺品展示

图22 杞柳编织工艺

图 23　杞柳编织样品展示

图 25　乡贤书法作品

（二）突出人才振兴，打造人气旺、活力足的新乡村

安庄社区大力推进"三乡工程"和企村联建工作，重点培育乡土人才，鼓励人才创业创新、回村任职，支持家庭农场、合作社、个体作坊等各种形式的创业行动。充分运用政策、机制、宣讲等多种方式，让更多社会人才看到乡村建设蓝图，切实做到"吸引人才到乡村"。吸引人才的具体举措包括：对处于创业前期的主体实行减免房租、减免税收的政策；推进创业服务平台建设，积极培育返乡青年创业孵化园，加强创业载体建设；提升公共服务水平，针

图 26　乡贤手工艺品

对乡土人才，做好重点宣传工作；开展各类针对性培训交流活动、强化创业培训手段。

（三）突出社会治理，打造百姓安、社会稳的新乡村

新时代的安庄社区，以党群服务中心市级"红色地标"为平台，以高质量党建推动社会治理。2018 年响应徐州市相关政策，先行探索"党建＋乡村振兴"模式，把实现人民美好生活作为党建目标，把提升治理能力作为党建功力，织密"乡村善治"网。2020 年率先完成村级高标准"网格化服务管理中心"试点建设，大力推进

图 24　村民自主创业项目——硕果园

"网格＋警格"梳网清格行动，推动警官、法官、检察官、律师进社区，全面提升基层社会治理社会化、法治化、智能化、专业化水平。2021年进一步升级"党建＋智慧治理"能级，打造交通安全VR体验馆，充分运用综合指挥智慧平台一体推进党建、法治、安全、环保、疫情防控"五网同治"，实现"人在格中走、事在格中办，小事不出格、大事不出村"，做到连续15年社区无刑事案件发生。

图27 党群服务中心

（四）突出乡风建设，打造民风纯、文明兴的新乡村

安庄社区将社会主义核心价值观作为文明创建的主线，将系列主题活动和群众性创建活动紧密结合，让文明乡风、良好家风、淳朴民风深入每家每户。在弘扬乡风民俗方面，安庄社区健全完善了村规民约和居民公约，通过大力开展星级文明户、五好文明家庭、书香家庭创建等活动，推进文明安庄、诚信安庄建设。积极倡导婚事新办、厚养薄葬、节俭养德、文明理事的新风尚，打响"好媳妇""好婆婆""不要彩礼好青年"等评选品牌，让"崇德尚礼、文明守信、邻里和善、尊老爱亲"成为新时代安庄民俗的新名片。另一方面，安庄社区深入实施"党建＋全民志愿"工程，先后成立理论宣讲、党员义务服务、农业技术推广、垃圾分类、文明旅游等13支志愿者队伍，常态化开展"我为群众办实事"活动、"志愿安庄3.0"模式，目前"开门就见志愿者、出门全是志愿者"已成为安庄的新标签。

图28 在村支部开展协商议事

乡村建设者访谈

访谈对象：安庄社区党总支书记　宁道龙

《样本》：安庄社区辖安庄和挖工庄两个自然村，居民701户、2918人，青壮年占比怎样？现有多少外来人口？

宁道龙：我们村没有外来人口，我们安庄青、壮年人口大约占31%，他们大部分从事农村电商行业及外地务工人数。

《样本》：安庄社区以创建特色田园乡村为总抓手，锚定"湖畔明珠""运河地标"总目标，贵村的支柱产业有哪些？

宁道龙：我们的支柱产业是乡村旅游、杞柳编制、裘皮工艺。杞柳工艺品远销欧美、澳洲、日本、中东等多个国家和地区，年产值达260万美元。目前，我们社区成立了专业合作社，杞柳种植辐射周边多个村庄，发展到2000亩杞柳种植基地，形成了集种植、加工、销售一体的产业发展体系。裘皮工艺品也是我们这里的一项传统手工工艺，目前已经初步形成带动性产业，同时也是出口创汇型企业，年产值超过300万美元。他们的加工模式的最大特点和社会效益是"计件工资"，务工时间、方式、场地十分灵活，群众可以到企业领取生产原料后拿回家，加工完成后再送到企业计件领取报酬，足不出户即可获得劳务工资，既兼顾了家务，又照顾了老人、孩子，有效解决了我们及周边村300余名留守家庭妇女的增收致富问题。

《样本》：现如今安庄社区的产业有了很大的发展，现在村里村民的收入主要来源是什么？近三年人均年收入情况？

宁道龙：我们安庄主要收入来源于乡村旅游、农村电商和手工艺品制作，过去三年来村民的人均年收入达到26000元。

《样本》：在推进乡村建设的过程中，有没有特别难忘的事情？也就是难以解决的事？

宁道龙：主要是旅游规模不大，旅游收益不稳，游客数量季节性波动大。然后就是我们社区靠近微山湖的自然环境特色和移民文化、渔民文化的文化特色，虽然这些特色村庄目前已有挖掘，但未能很好地融入旅游发展中来。

《样本》：您打算如何开展今后安庄社区的工作？对安庄社区的发展有什么期待吗？

宁道龙：2022年计划开始三期民宿和商业街、林下停车场的建设。同时一并对2020年建设的18套民宿进行整合、统一装修，形成可供400人吃、住、游、购物的特色渔村民宿，打造苏北一流民宿村。其次再利用"乡村大舞台"开展系列文化活动，充分利用党群服务中心高标准会议室，打造苏北乡村振兴培训基地。与市、县组织部、保险公司、银行、商会和县相关部门建立长期合作关系，接待各类办班培训、商务洽谈、会议研讨等。我们安庄社区的奋斗目标是：苏南有华西，苏北有安庄，努力走出具有安庄特色的乡村振兴之路。

专家点评

立足文化基底，推进乡村现代化建设

安庄社区作为具有悠久历史文化的传统村落，能够立足于村庄文化，顺应乡村发展规律，协同推进乡村建设重点工作，同时注重将乡村文化传承与村庄现代化建设相结合，为美丽宜居乡村建设起到了有效示范作用。

立足村庄历史，做好文化传承工作。 安庄社区有着悠久丰富的历史文化，村庄建设注重围绕文化传承工作展开，以多种形式将村庄文化烙印在乡村建设之中。包括营建特色村景小品，建设历史展览馆、乡村舞台等文化传承载体，组织开展文艺表演、庙会庆典等文化交流活动等。通过以上举措，不仅为村民及访客提供了一个能够深入了解当地文化、体验乡风民俗的广阔平台，也有效促进了村庄现代化建设，提升了村民的获得感、幸福感。

顺应乡土气息，做好乡村建设工作。 在乡村风貌建设方面，村庄以保持原乡风貌为原则，通过开展规范化的规划设计，建立全过程管理制度，确保各建设项目妥善得到系统定位、统筹设计、完整落地。在人居环境改善方面，安庄社区因地制宜建设了污水处理设施，完成了污水就近资源化利用，并创新了"垃圾分类得积分"的工作机制，在提升村庄环境质量的同时也潜移默化地将节能、环保理念深入人心。

扎实发展基础，做好乡村振兴工作。 村庄将传统技艺产业化，打造形成了具有地方特点的产业品牌，既富裕了村民生活也传承了宝贵的文化遗产。通过政策倾斜、机制保护等多种方式为乡村建设人才提供了广阔发展空间，有效壮大了乡村振兴队伍。以党建引领为核心，通过网格化管理、智慧化指挥等创新手段，有力团结了乡村力量，为进一步全面振兴打下了坚实基础。

安庄社区通过创建特色田园乡村，稳步实现村庄现代化建设，同时村庄建设始终坚持以人为本，通过搭建文化传承平台、鼓励发展乡村特色产业等方式，为村民营造了一派生活富足、恬静祥和的乡村生活景象，为美丽宜居乡村建设提供了宝贵样本。

王薇
安徽建筑大学建筑与规划学院副院长

第十章 东罗模式,创新城乡融合建设

江苏省泰州市兴化市千垛镇东罗村

样 本 概 况

东罗村地处兴化市北部千垛镇,傍湖而建,依垛而居,被誉为"水上明珠"。村庄由两河两湖环抱,垛格与沟河交错纵横,尽显水乡村落的生态风韵,盛产大米、龙香芋、小龙虾等特色农产品,是典型的"鱼米之乡"。

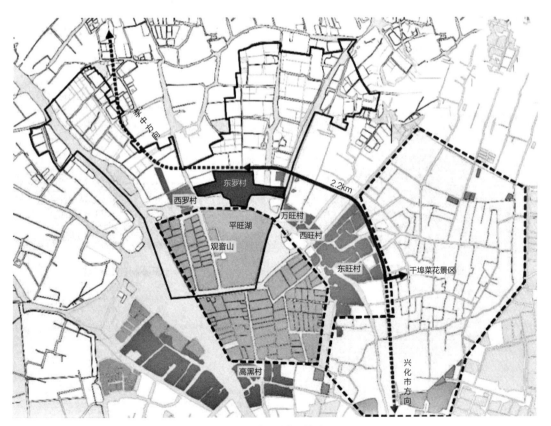

图1 东罗村区位图

东罗村周边水路纵横，可居住土地多呈块状分布，因此村民多聚族而居，"罗"姓与"晏"姓是东罗村两大历史姓氏。据史料记载，明初洪武二年，时为"洪武赶散"大规模的全国性移民活动，罗姓先民们从苏州阊门迁居于此。晏氏祖先原居山东青州，后由苏州昌门迁徙兴化东罗村，目前村内晏氏家族已历 11 世。

东罗村全村土地总面积 3602 亩，其中耕地面积 1330 亩，含桑田面积 20 亩，水稻面积 370 亩。水域面积 1372 亩，含水产面积 700 亩。林地 900 亩，含果林面积 70 亩。东罗村共有 10 个村民小组，总计 413 户、1516 人，其中劳动力人口 771 人。经过特色田园乡村建设，东罗村人均年收入从 2016 年的 1.8 万元增长到 2021 年的 3.05 万元，村民收入稳步增长，乡村项目直接解决村内 30 余人就业问题。

2018 年东罗村获评"江苏省四星级乡村旅游景区"，2019 年通过江苏省第一批次特色田园乡村建设验收，2020 年成功入选全国乡村旅游重点村名录，2021 年荣获"中国美丽休闲乡村"称号，并挂牌九三学社中央"乡村振兴实践基地"。

图 3　东罗稻田画

图 2　东罗村鸟瞰图

图 4　东罗村村口景观

样本建设情况解读

第一节 本土营建，打造东罗新气质

2017年6月，东罗村参与江苏省特色田园乡村建设工作，与兴化市政府和万科集团三方联手合作，积极实践乡村振兴战略，同年8月底，东罗村入选首批江苏省特色田园乡村试点。

（一）"微介入、轻建设"的针灸式改造

东罗村在建设过程中重视保护和利用历史文化资源，对现有建筑进行了质量评价，明确了需要整饬、拆除的建筑，保护了原有村庄的社会网络和空间格局。村内呈现南旧北新的布局形式，对于北侧新农房予以保留和改善，同时注重对老庄台的提升和复兴，对有历史文化价值的建筑进行重点改造，赋予新功能，对质量较差的建筑予以拆除，提高居住环境质量。

在建筑改造方面，东罗村主要利用现有建筑、景观、空间等进行"针灸式改造"，最大限度保留村落的传统风貌。提取当地建筑的特色元素，采用新型建筑材料和工艺，打造多元多层次的乡村风貌。在规划层面采用点、线、面结合的方式，以大礼堂、村民食堂、公共服务中心、村史馆等公共服务配套建筑作为启动规划点，结合景观线路、游览线路将一期规划点串联。另外，通过对重点建筑的点式改造，带动村民对自住农房进行自发的保护更新，协调恢复村庄整体风貌。

图5 村民食堂

图6 村史馆

图7 村史馆内景

（二）尊重自然生态，保护乡村特色田园环境

东罗村尊重乡村特有田园景观，对村庄肌理中的湖水、河流、田园、植被体系予以保护，因地制宜，灵活布置各类设施。材料选取主要利用了符合当地特色的砖瓦、泥土、竹、木、藤等乡土可再生材料，做到选材生态。同时在车行道路中融入海绵生态的考量标准，有效引导地表径流进入地下水体系，回馈土地。

在景观植物方面，尊重乡村特点，因地制宜，大量使用了乌桕、杨树等本土树种和农作物，尤其是兴化当地有名的油菜花和龙香芋等。村内乔木多栽植桃树、柿子等果树，呈现春华秋实四季鲜明的效果。在河道植物方面，除了选取当地芦苇等品种外，还结合水乡特色，在合作基地进行引种培养，选取了20多种观赏性高、维护成本低的观赏草，使河道更加自然、生态。

在建设公共设施方面，结合村民切身需求，考虑集会、洗衣、照顾儿童等使用功能，合理布置场地，为村中居民营建室外戏台广场。改善临水洗衣设施并给村中留守儿童提供丰富有趣的活动场地，做到造景为人。

图9　儿童游玩场地

（三）新旧结合，尊重传统，平衡村落整体环境

建于1953年的村中东罗大礼堂是当地"文化地标"，礼堂作为文保建筑，是整个东罗村规划的核心，但因年久失修，建筑安全无法保障而长久废弃。东罗村乡建团队依据修旧如旧的原则对大礼堂进行了修复，既保证了使用的安全性，又匹配了新的功能要求。建设保留了礼堂的全部外形，增补了缺失窗扇，清洗了建筑外墙，重新设计了礼堂的顶部屋面与建筑结构，有效防范了结构安全隐患。修缮了原有的舞台空间，并配备两处辅助用房及相应的灯光音响设备，为舞台下的自由观摩区添加了

图8　民宿周边景观

座椅，利用两侧墙面作为展示墙面，做到新旧结合。色调上，室内整体以白净的墙面为主，舞台正中心大背景墙及两侧墙面上下处裸露红砖，凸显乡村建筑的美感，还原礼堂光辉形象。

图10 东罗大礼堂

图11 村民活动

第二节 晴耕雨读，孕育农旅新发展

2009年，兴化市举办第一届千垛菜花旅游节，从此拉开兴化旅游快速发展的序幕，每年游览人次及景区门票收入以20%左右的比重快速增长，直接拉动了住宿业、金融业、娱乐业、交通运输业等相关产业的发展。作为兴化旅游名片，虽然千垛景区日均游客接待量高达五万余人次，但是景区周边一直缺乏与之匹配的旅游配套，旺季餐饮和住宿都无法得到充分满足。

东罗村地处千垛菜花风景区和李中水上森林风景区之间，优越的地理位置使其具备发展旅游产业的潜在优势。东罗村干部通过调查研究，及时整改东罗村在乡村旅游发展中存在的问题，充分挖掘本村资源，整合发展乡村旅游、农耕研学，带动村民就业创业，实现农民收入持续稳定增长。

（一）丰富乡村旅游内涵，推动兴化全域旅游建设

东罗村秉承再现水乡传统生活风貌的发展理念，发挥"村落＋垛田＋果园"的资源优势，开展农耕文化、乡土民俗、四时蔬果及四季风光体验等旅游活动，结合村民食堂特色餐饮、千垛果园休闲采摘、特色民宿轻度假等功能，与千垛菜花、李中水上森林等景区形成合力，做到差异化发展。随着东罗村旅游设施建设的逐步完善，旅游产品及内容也不断丰富，形成了以乡村文化体验、果园休闲农业、农家特色美食、主题特色民宿为主体的全季旅游产品体系。同时，村集体牵头搭建优质平台，建立统一的服务质量管理标准体系及营销推广系统。通过提供村民培训，鼓励

本地村民自主经营，并对初期创业村民给予补贴，带动村民创业，实现村民收入持续增长，也吸引了更多本地人返乡，共建美丽乡村。

在千垛菜花节期间，为助力提升兴化市全域旅游的影响力，东罗村深入挖掘里下河地区民俗文化，打造了以特色民俗表演、非物质文化遗产展示为主的"碧水东罗民俗节"。在民俗节期间，村内各活动点分布了锣鼓书、茅山号子、板凳龙、舞花船等兴化特色民俗表演，绳编、草编、剪纸、糖画、吹糖人、小笼包、萝卜丝墩子等非遗手工艺、特色小吃也得到集中展现。让游客通过视、听、味等多重感官记住兴化，同时也带动手工艺人实现小幅创收。

图13　民俗活动

（二）推动农耕研学发展，激发乡村建设内生力

东罗村从做好文化传承与科普教育工作的视角考虑，以展现兴化垛田传统农业

图12　东罗村丰收节活动

风貌为核心,与城市教育机构形成互动,打造主题研学教育基地,让城市和乡村互融,为乡村发展持续注入活力。

东罗农耕文化研学项目让更多的城市孩子走进东罗,走进田园。秉承着"研学后教"的理念,通过农业知识学习、农耕种植体验、田野拓展训练等活动,让未来一代深入了解传统农耕文化和现代农业发展历程,深切感受特色田园建设带来的巨大变化,激发学生对乡村生活的热爱与向往。随着研学课程体系的开发成熟,2019年东罗村成功挂牌"兴化中小学劳动教育实践基地"。

截至目前,东罗研学已接待泰州高港实验小学、兴化市第二实验小学、兴化市板桥中学、兴化景范学校、蓝天幼儿园、

图14 研学活动现场

图15 亲子农耕课堂

安井集团、南京银行等多所学校及企事业的万余名学员,开展了丰富多彩的研学活动。多样的艺术沙龙课程能够让学生体验书画、摄影、写生创作等多种活动,每逢节气农事,还能够体验播种、插秧、收割、采摘等乡村活动,切实感受到农耕劳动的辛勤与快乐。

农耕研学、村民食堂、特色民宿、文化老街等项目的投入运营,为东罗村吸引了更多的资源和消费人群,同时也提供了更多的就业岗位和创业机会。预期随着农产品经营全面展开,未来还将为村民返乡发展提供更大的空间,让更多人回到乡村,投身到特色田园乡村建设中来。

第三节 产业优先,促进经济新增长

乡村振兴,产业兴旺是重点。如何从注重"量"的提高转向注重"质"的提升,是本地农产品进行市场突破的重点。从台湾农业转型发展的可借鉴经验来看,伴随消费升级需求上升,农产品终端附加值在产业价值链上的作用日益明显,有必要从品种选用、规范种植、品牌宣传、市场营销等一系列环节加强投入,提升兴化农产品特色品牌的市场影响力,直接或间接影响各环节的生产价格,最终帮助农民实现增收致富。

(一)科学建立产品体系,实现农业增效增收

依托农科院技术优势和专业化服务体系,全面推行标准化生产模式,提高农产品的品质和质量。东罗村优选全国金奖大米品种"南粳9108",与兴化当地粮食公司合作,划定规范种植的核心示范产区,改变粗放式生产和管理方式,推广生产记录台账制度,科学合理使用生产投入品。构建品种、育秧、栽插、施肥、植保、收储、加工、包装等"八统一"模式,实行产前、产中、产后全程规范化管理,逐步应用物联网技术,对水稻生长过程全程监控。邀请"南粳9108"培育者,江苏省农科院粮食作物研究所所长、研究员王才林指导种植、加工等环节生产标准升级,规范加工厂生产流程和品控过程,保证大米品质,促进农业增效、农民增收。

(二)打造农业品牌,提高农产品市场竞争力

邀请台湾知名农业推广团队进行品牌合作,以文化创意为核心,推出全新特色农业品牌形象——八十八倉。"八十八倉"取自于汉字"米"的拆解,蕴含着对于美好生活的向往和对于农业永续发展的期待。目前该品牌已形成"一禾一斗"兴化大米和"青田萃"大麦若叶两条产品线,计划

图16 八十八仓大米

图17 八十八仓红膏蟹

未来还将继续把兴化和全国的优质农产品入仓备货。

（三）严控产品品质，建立选品标准体系

为助力特色农产品实现由数量到质量、产量到产品、品质到品牌的转变，东罗村制定并实施了八十八仓农产品的选品机制。包括建立生产基础标准，从土质检测、水质检测、产品检测等多维度进行产品标准检测。将产品送检日本、德国等国内外专业检测实验室进行品质检测。成立国内专家顾问团长期进行品质抽查。随着生产全过程监控体系越做越完善，东罗村下一步计划强化对农产品质量源头把控，通过与农户合作或建立自有生产基地的形式，保障产品品质。

图18 农产品生产基地

（四）依托企业平台，加强优质农产品城乡互动

东罗村依托万科企业及社区平台等资源优势，打通农产品流通渠道。线上与万科物业"住这儿"APP合作，面向业主及大客户直营销售。线下在社区开设八十八仓农产品直营店，与万科生活汇共同组织业主活动，加大农产品宣传推广力度，搭建农产品从田地到餐桌的一站式销售平台。

总体来说，东罗村采用了"政府＋社会资本＋村集体"的合作模式，共同成立合资平台公司，负责东罗村的建设和运营，探索特色田园乡村发展的实施路径。以政

图19　东罗市集

府为主导，社会资本参与，村集体以闲置的集体土地使用权，经专业机构评估后作价入股平台公司，村民通过村集体持股享受经营性分红。东罗村探索出一条由社会资本参与，乡村振兴可持续、可复制、可推广的新模式。

乡村建设者访谈

访谈对象：千垛镇党委副书记 韩峰

《样本》：2017年，南京万科与江苏省泰州市兴化市政府签署协议，在东罗村建设特色田园乡村，探索出一条可持续、可复制、可推广之路。请问当时是怎么考虑，为什么会选择引入万科呢？

韩峰：每年的中央一号文件都是聚焦乡村振兴，如何实施乡村振兴战略，这不仅仅是各地政府考虑的问题，也是不少社会资本正在思考、探索、实践的战略路径，东罗之所以选择万科合作，是因为万科集团不仅有着30余年品质住宅开发历史，而且在建筑、景观以及乡村旅游、农产品推广等多方面的丰富经验，村庄规划改造提升不走弯路，同时把东罗作为万科"下乡"的首个"试验田"，万科也将树立企业品牌，增加项目建设投入。

《样本》：东罗村在千垛菜花风景区和李中水上森林风景区之间，具备发展旅游产业的潜在优势，当前每年大概可以给村里带来多少收入？

韩峰：东罗村随着乡村旅游的发展，带动了民宿餐饮服务业二十多家，带动农民就业356人，每年可增加村集体股金分红、资产租金等收入60万元，增加社会效益1200万元。

《样本》：东罗村当前村民主要收入来源是什么？人均收入多少？

韩峰：当地村民主要收入分为土地流转金、外出经商务工收入，本村果园、民宿、餐饮务工收入，自主从事民宿餐饮服务业收入，2021年人均纯收入3.05万元，高于其他村22%。

《样本》：东罗村发展乡村旅游，严控产品品质，打造农业IP，可以说东罗村在美丽乡村建设中一直做得特别棒，那么在这个过程中，是否有遇到困难？如何解决的？

韩峰：主要的困难主要有三点。一是产品同质化，产业特色不明显，东罗模式是可复制模式，市场竞争十分强烈。二是产品质量不齐，品牌效应不强，虽然有企业占领优质农产品生产主体，但也有部分个体农户生产，且产品档次不高，质量不齐，影响品牌效应。三是技术人才缺少，现代化水平不高，市场运营主体只有万科组建的兴化市万兴商业管理有限公司，虽然能够发挥互联网优势，但是其他主体不够明显。

解决的办法包括，一是拓宽服务功能，不断增加项目，如根据旅游客群分析，增设亲子民宿项目、儿童娱乐项目等。二是加强品牌建设，提升产品质量，对农业产品源头的把控，达成与农户合作或建立自

第十章 东罗模式,创新城乡融合建设

有生产基地,提升产品品质。三是加强技能培训,提升服务水平,从旅游服务、互联网应用等方面,加强从业人员技术培训,提升整体服务水平,并招引返乡青年创业。

《样本》:东罗村的发展离不开党的引领,您认为在未来,东罗村还会遇到哪些机遇及挑战?

韩峰:实现乡村振兴,关键在于党建引领,在未来的东罗党建引领下的发展将面临的新机遇与新挑战。一是党组织领班人的培养。农村富不富,关键看支部,支部强不强,关键看支书,农村支部书记年龄偏大是当前农村普遍现象,领班人决定着组织功能的强弱,为民服务的能力大小,因此要加快发展优秀"头雁"。二是居住人口偏少。农村人口逐渐向城市转移,留守在村的多以老人和儿童为主,从事旅游服务的水平才不高,因此,要招引人才资源回归,让青年返乡创业,让乡贤参与管理,共同探索探索"党建+产业"模式,在产业振兴上下功夫、求突破。

专家点评

建设特色田园乡村、探索乡村振兴路径

东罗特色田园乡村建设从挖掘新时代乡村的多元价值做起，推动发挥乡村的独特功能，深度挖掘其在经济、社会、文化、生态等方面的多元价值，推动田园生产、田园生活、田园生态的有机结合，致力"让我们的城镇化成为记得住乡愁的城镇化，让我们的现代化成为有根的现代化"。

从生态价值而言，作为城乡空间高度密集的江苏，乡村是最主要的生态基底，是消除和平衡城市碳排放、净化自然生态环境的重要保障。由自然环境、村落和农田构成的乡村生态环境，以及独特的农业生物资源与生物多样性，越来越成为一种难得的稀缺资源。

从文化价值而言，乡村是中华传统文化的主要承载地，无论是灿若明珠的历史文化名镇（村）、传统村落，还是丰富多彩的民俗节庆、戏曲曲艺、习俗传说、传统技艺等非物质文化遗存，以及乡村地区蕴藏着的"天人合一"的生存哲学和"长幼尊卑"的社会秩序，都是当代人民精神需求的宝贵财富。

从社会价值而言，乡村地区的小桥流水、沃野千里，以及田园牧歌式的慢生活都是都市繁忙节奏的"平衡器"，是人们在繁忙工作之余放松身心绝佳场所。

新时代乡村的多元价值实现，有赖于乡村供给侧结构性改革，而推动乡村供给侧结构性改革，必须找准乡村发展的定位。我们认为，有别于城市功能的"综合而强大"，乡村发展应立足于"特而专、小而美"。具体到不同的村庄，可以说每一个乡村都是独一无二的存在，其发展路径的选择应基于对其特色资源的深度挖掘，因村制宜确定差别化的路径推动其发展。

走进如今的东罗村，田园气息扑面而来。屋舍整齐、阡陌良田、民风淳朴。乡间小道上，熙熙攘攘的都是脸上挂满笑意的人们。游人们在村里走走逛逛，到处拍照。这里还可以闲垂野钓，体验特色湖景民宿，品当季湖鲜美味……背靠垛田水乡的独特自然禀赋，东罗村已蝶变成为旅游的好去处，成为国家乡村振兴战略的一个美丽缩影。

段威
江苏省城镇与乡村规划设计院
有限公司技术总监

第十一章 规划引领，打造生态美丽铁匠屋

安徽省安庆市怀宁县黄墩镇铁匠屋村

样本概况

铁匠屋村位于怀宁县黄墩镇高楼村东侧，独秀山西侧山脚下，与藕塘岭村相邻，距黄墩镇镇区2公里。村庄总面积约10.5万平方米，人口约230人，村民主要从事农业生产和外出务工经商等工作。铁匠屋村依托怀宁县新建的马拉松生态廊道，车行道穿村而过，具有连续的景观辐射面基础。村落以巍峨的独秀山、连绵的农田为

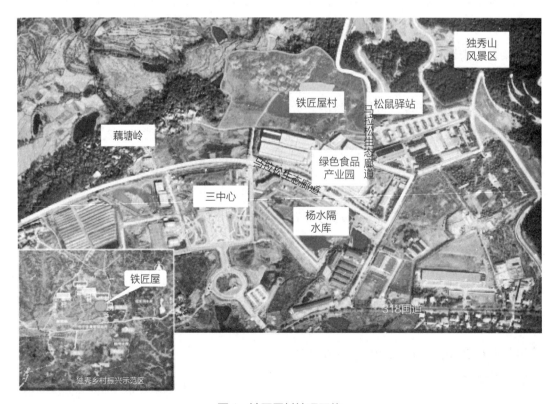

图1 铁匠屋村地理区位

背景，村庄主入口右侧是水塘，左侧为田园，整个村庄被环绕在山、水、田园屏障之中。以蓝莓种植为主，有少量的棉花、水稻等经济作物种植，水产品规模养殖主要位于村庄西侧。

开展美丽乡村建设前的铁匠屋村，破损危房、违章柴房、猪舍、旱厕较多，建筑外立面贴砖色彩也不统一，有些建筑甚至未粉刷墙体，农房屋顶以红色琉璃瓦为主，整体观感效果并不好，并且影响了整体的村容村貌。村庄道路基础较薄弱，支路由宅间路构成，呈枝状分布，贯通性较差，其材质主要以土路及碎石路面为主。

作为怀宁独秀乡村振兴示范区建设重点项目，铁匠屋村秉持"一村一品，一村一景，一村一韵，一村一业"的建设原则，以规划引领，依托幽静的环境氛围和山水田园林果的资源禀赋，按照人居环境提升、特色产业优化、民俗文化传承的设计定位，打造出生产发展、生态良好、生活富裕的全国乡村振兴怀宁样板。

图2　村庄改造前后对比

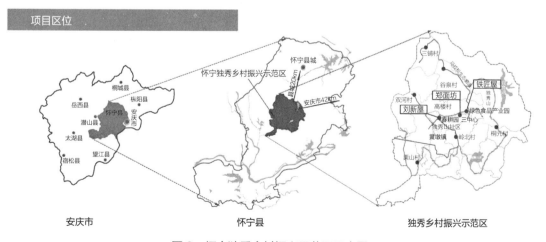

图3　怀宁独秀乡村振兴示范区示意图

样本建设情况解读

第一节 规划建设－旧乡村焕发新生机

为因地制宜开展好乡村建设工作，铁匠屋村首先明确了传统农业村的实际定位，充分利用好自身的地理区位、生态环境及文化特色，主要通过强化规划引领、推进重点项目等建设方式，带动乡村新产业发展，成功打造怀宁县独秀乡村振兴示范村。

（一）明确美丽乡村规划建设的基本原则

尊重现状，合理规划。 在村庄现有基础上进行改造提升，因地制宜规划布局公共服务设施及基础设施，避免大拆大建、破坏村庄原有肌理和生态环境。

以人为本，尊重民意。 村庄在产业导入方面及环境整治方面，均着重考虑村民发展意愿，在规划方案中积极反馈村民意

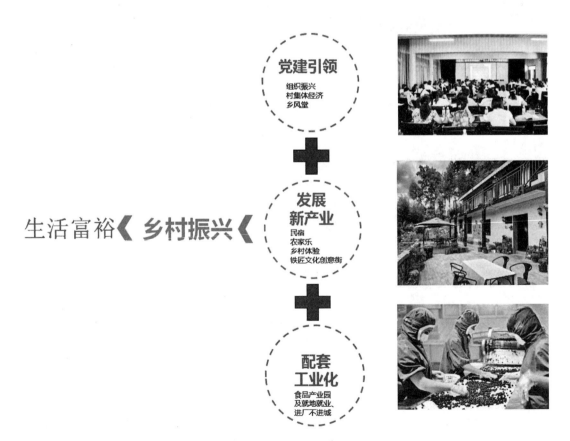

图4 乡村设计理念

见，以致富村民、提升村民生活品质为重点工作目标。

体现差异，突出特色。在农业经济方面积极发展蓝莓特色产业，通过土地综合整治，打造优质蓝莓种植园，改变过去以水稻为主要作物的单一种植经济形式。在服务经济方面积极打造民宿和餐饮行业，与独秀示范区形成旅游配套。打造"家庭＋工坊＋探奇"的民宿发展理念，建立"农家乐＋荷花宴＋小吃＋零售"的餐饮发展模式，形成地方特色产业，实现产村一体化。

有序推进，操作可行。综合统筹各类项目的急需性、投入效益以及资金预算等因素，划分重点建设项目及建设时序，分期实施，有序推进。同时确保方案的可操作性和可实施性，保障项目顺利落地。

（二）美丽乡村建设重点工作

1. 农房风貌建设

村庄农房风貌设计以尊重现场、尊重民意为原则，实施"一拆、二挡、三清、四涂"工作，拆除破损危房、违章建筑、

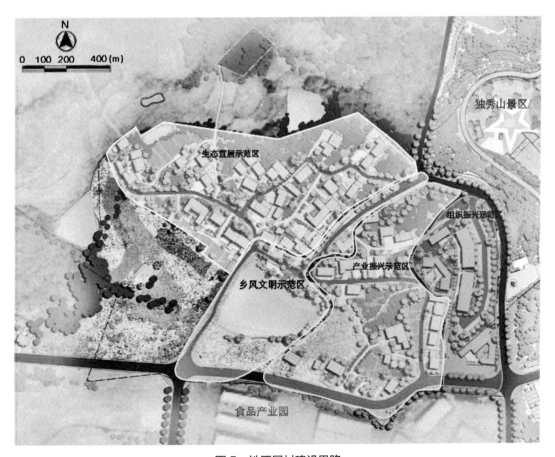

图5　铁匠屋村建设思路

第十一章 规划引领，打造生态美丽铁匠屋

图6 农房风貌改造设计图

图7 农房风貌改造后效果

旱厕等建筑共计1610平方米。对保存较好但外立面贴砖色彩不统一的农房进行整治改造，根据当地人文特点及村庄整体色调，统一进行外立面清洗、贴砖，粉刷喷涂米黄色真石漆。增设入户门牌，清除整理周边杂物，增加点缀自然植被，还原乡土。共改造农房54户，面积7520平方米，改造后的铁匠屋村整体建筑色系统一、协调，景观效果大幅提升。

2. 提升综合防灾等级

为提高农房抗震性能，村庄根据抗震防御目标与设防标准，采取有效工程抗震措施。对新建农房和既有农房进行了抗震设计或抗震改造工作，对于不符合安全标准的农房进行了加固处理或拆除，对于需加固改造的农房，由专业技术部门或技术人员提出加固方案、图纸后，按设计要求及施工程序进行改造。

图8 村庄边坡加固情况

为加强村庄安全防范工作，铁匠屋村按规范设置了消防通道和消防设施，并对存在火灾隐患的农宅或公共建筑进行了整治改造。同时加强宣传，明确疏散救援道路，引导村民树立良好的消防安全观。在卫生防疫方面，村庄按照公共卫生突发事件应急预案规定，在村内设置了有关突发急性流行性传染病的临时隔离、救治室。

3. 完善村庄道路建设

铁匠屋村针对道路两侧缺少绿化植被、

图9 村庄疏散通道简图

道路整体过于冷硬、建筑雨水直接排至路面等问题，采取清除杂物、增植绿化、优化铺装等方法。利用本地植被适量增补道路两侧花草灌木，使用石板铺设路面、青砖收边路沿，强化乡土气息。道路旁增设40厘米深、40厘米宽、坡度大于0.3%的梯形排水沟，满足雨水重力自流要求，收集后的雨水可就近排入水塘，显著提升路

图10　村庄道路建设的铺装材料

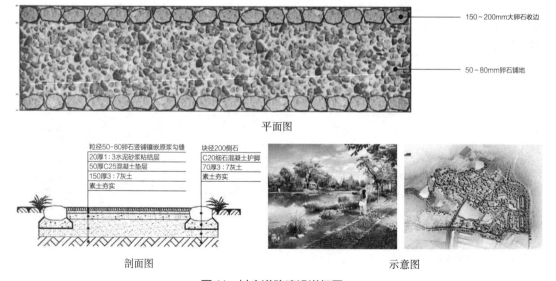

图11　村庄道路建设详细图一

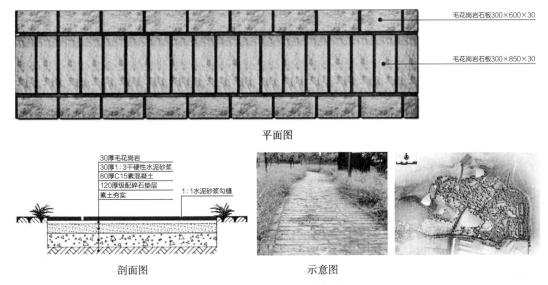

图12 村庄道路建设详细图二

面排水能力,方便村民出行。

4. 完善基础设施建设

卫生设施建设方面,村庄实施清洁工程,设置垃圾回收站,建立"户分类、村收集、镇转运、县处理"的垃圾处理模式。对原有旱厕进行拆除改造,拆除后的场地进行整理优化,用于村内环境绿化、公共活动场地或水冲式公共厕所的建设。

供水设施建设方面,村庄根据区位位

图13 卫生设施分布情况设计简图

第十一章 规划引领,打造生态美丽铁匠屋

图14 供水管网分布情况设计简图

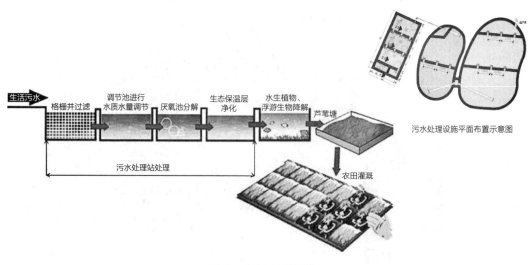

图15 污水处理工艺

置以及村庄用水量情况，合理规划供水管线。村庄供水主干管管径为DN200，农房之间的支状管管径为DN25~DN100，主干管沿主干道进行地下铺设，主要供村民生活和公共消防使用。消防用水量根据村庄人口规模，参照民用建筑防火规范，设定室外消防用水为10L/S，并沿路按120米间隔相应设置消防栓。

污水处理设施建设方面，村庄的居民生活污水及公共建筑废水通过排入村庄道路污水管网，进入村庄污水处理站，处理完成达标后就近排入到村庄生态塘中进行深度降解，最终作为农田灌溉用水使用。

照明设施建设方面，保障各居民点照明和生产生活用电率达100%。供电线路沿村庄主要道路单侧架设，线路采用同杆架设方式，照明灯（庭院灯）间距按30~35米沿道路单侧设置，游园安装相应景观灯。

图16 电力系统设计简图

第二节 五大振兴－新挑战带来新机遇

美丽乡村建设的内涵简单概况就是建设"村庄美、田园美、生活美"的美丽宜居村庄，但具体实施层面要考虑到乡村空间布局、人居环境、经济发展、文化传承以及文明建设等多个方面。铁匠屋村在推进美丽乡村建设工作过程中，结合村庄发展实际，主要以五个方面作为切入点，协同推进乡村振兴。

（一）产业振兴，让产业在乡村繁荣

铁匠屋村按照"党建引领、双社联合、壮大村集体经济"的传统农业产业发展模式稳步发展村庄产业经济，契合村庄实际的发展路径。不仅实现农民增收，还提升了基层战斗堡垒作用，有效衔接了农户与现代化农业之间的关系。

村庄将土地托管给公社，公社除对农作物进行全程管理外，还会提供种子、肥料、农机租赁等其他服务，更为方便地实现了产销对接。农民当上"甩手掌柜"，实现土地分红和务工收益两增收。

村内的蓝莓产业园目前有 8 家工厂进驻，预计产业园 2022 年产值将达 30 亿元，可解决约 800 人就业问题，预计 2022 年可上缴各种税收 3 亿元。与铁匠屋村相邻的绿色食品产业园，园区内的食品加工企业主要生产蓝莓冻干食品，可年加工 3000 吨蓝莓，并计划 2022 年实现 2 亿元产值，创造约 100 人的就业岗位。

图 17　蓝莓冻干加工工厂

图 18　蓝莓饮料加工观光工厂

（二）人才振兴，让人才在乡村扎根

铁匠屋村通过优化乡村创业营商环境和政策支持等方式，为人才创造优质的创业平台。大力支持人才在乡村振兴过程中创新创业项目，鼓励多种形式的创新创业基地、孵化器、工作室建设，最大限度促成项目落地投用，让各类人才在乡村振兴的主战场担当先锋。截至目前，仅绿色食品产业园

就吸纳200人返乡就业,其中乡贤返乡创业者约有50人,工作岗位包括高中层管理人员、技术骨干人员、专业技术人员等。

(三)生态振兴,让乡村留得住乡愁

铁匠屋村在推进美丽乡村建设的同时,注重保护乡村风貌、传承乡村文脉、留住乡村记忆。对农家乐庭院项目进行改造,对庭院进行绿化梳理,增设具有乡土特色的小品及休憩空间。改造村庄道路,利用本地植被适量增补道路两侧花草灌木。治理村内生态塘,在岸坡两侧种植乡土花草灌木及水生植被,增设亲水平台完善休闲设施。推进整体绿化建设,根据植物材料自身特点和对环境的要求,保留优良树种并多选用乡土树种,突出本土特色,保持绿化效果的稳定性。

(四)文化振兴,让文化在乡村延续

铁匠屋村在推进乡村振兴的过程中,注重公共文化建设,深入挖掘优秀乡土文化蕴含的思想观念、人文精神、道德规范,弘扬文明乡风。在保留村庄原始生态园林风景的基础上,通过新建村庄文化壁画长廊、冶铁雕塑小品等方式,直观表达村庄文化,使村民始终铭记铁匠文化,让文化在美丽乡村建设中悠久传承。

(五)组织振兴,让党建引领乡村振兴

铁匠屋村坚持党建引领,通过进一步加强标准化建设,牢固树立党的一切工作到支部的鲜明导向,全力开展"不忘初心,牢记使命"主题教育,推动"两学一

图19 村庄生态建设设计简图

第十一章 规划引领，打造生态美丽铁匠屋

图20 铁匠文化墙设计图

做"学习教育常态化、制度化。在推进美丽乡村建设工作方面，把党组织建设到乡村振兴第一线、产业链条第一线，推行"党建＋产业振兴""党建＋生态振兴""党建＋项目建设"等做法，在党建工作源头融入、过程融入、核心融入中把党建资源转化为发展资源、把组织优势转化为发展优势。

村委会与独秀乡村振兴示范区协会党组织积极配合成立村民党员组，在日常工作生活中，党员通过"亮身份、亮工作、亮业绩"充分发挥党员先锋作用，对村庄进行网格化管理。实施网格化管理全覆盖，通过合理划分管理服务责任网格，构建层级分明、规模合理、覆盖全面的管理服务网络。在网格化管理过程中，以村、组、网格为区域范围，促进干部职能转变，着力于寻找问题、解决问题，让群众"有苦能诉、有事能办、有难能帮"。同时村庄积极借鉴新时代"枫桥经验"，科学构建镇、村、片区、两委干部"四级网格"，全方位落实管理工作。

图21 村民参与议事协商

乡村建设者访谈

访谈对象：高楼村党支部书记　江玉华

《样本》：铁匠屋村当前村民主要收入是什么？近三年人均年收入情况？

江玉华：当下，我们村民的收入渠道相对以前变得更加多元化，整体收入有了很大的提高。过去主要靠的是传统的农耕经济收入。现在，怀宁县在我们黄墩镇这个区域重点打造蓝莓特色经济，蓝莓经济作物快速发展，光我们村种植面积就达到700亩，年经济效益1400万元。富余的劳动力通过我们的绿色食品加工厂、独秀山公园的游乐项目完成就业，也可以选择自主经营餐饮、民宿等的方式增加收入来源，无论是哪种方式，相比较过去都是有了很大的提高，今年人均收入达到20000元。

《样本》：可以看出贵村的规划设计方面特别符合村民意愿、传统习俗、当地风貌，当初设计初衷和理念？治理理念（乡村文明建设、社会治理建设）？

江玉华：我们先后完成对村庄整体路段翻新，沿途垃圾、草木清理，道路指示牌树立，危旧房屋改造等一系列工程，让人身处之中能切身感受到浓厚乡土气息且保持清新、整洁，村落主题元素突出，我们的理念就是要创造一个村民与村庄共荣共生的极具地方文化特色的新农村。建设完成只是第一步，下一步通过成立村民自治委员会和乡村振兴理事会，将村庄管养，邻里关系等农村问题纳入村民自治的管理范畴，强调以法治村、以德治村、和谐相处、共荣共生。

《样本》：在规划设计后，贵村近3年整体建设有哪些重大投入项目？投入资金来源（政府拨款、村委投入、村民投入分别占比）？

江玉华：为完善我县蓝莓特色经济结构，我们这里重点打造的怀宁县蓝莓产业园，招商引资多家绿色食品加工厂，这其中我们村以村集体土地入股形式，县国有平台公司出资开发，政府招商引资企业入驻，目前已完成多家食品加工企业入驻。

《样本》：您认为铁匠屋村有吸引当下大学生返乡的地方吗？您认为最吸引他们的地方是哪里？

江玉华：随着国家乡村振兴战略实施，农村经济活力有了质的飞跃，以往农村走出的孩子就是想通过读书走向城市，而如今越来越多的大学生毕业后选择回到这里。能促进大学生返乡就业、创业的不仅是一份浓浓的乡土情，更多的是农村大发展的机遇。优渥的人才政策、多元的就业岗位、优良的生活环境和相对较低的生活成本等都是我们农村吸引大学生返乡的重要因素。

《样本》：现在很多大学生找工作难，铁匠屋村返乡的大学生他们在实践方面有没有特别好的地方？有什么不足的地方吗？

江玉华：目前，我们这里主要有绿色食品加工和旅游服务的相关配套产业岗位，可以为学习与食品、旅游管理和农村电商有关的大学生提供一系列的实习工作岗位。当然农村的生活配套相比较于城市还是相对落后的，但是未来随着我们的蓝莓经济茁壮成长、独秀山公园的经营，这些文化产业都将进一步丰富，为农村生活更添色彩。

专家点评

多元融合，描绘乡村振兴美好蓝图

铁匠屋村依托乡村幽静的环境氛围和山水田园林果的资源禀赋。树立"一村一品，一村一景，一村一韵，一村一业"具有地方特色的发展观念。从产业业态发展、生态保护利用、文化文明建设等多个层面，多元融合，同步推进，均取得了一定成果，相关经验是值得推广与借鉴的。

"业态支撑"，产业业态精准定位。 产业振兴是乡村振兴最重要的经济基础，从"产业兴"到"业态丰"是乡村多元产业混合发展的过程。需要乡村充分发掘自身的环境、文化、生产生活及历史资源优势，实现产业转化。同时，整合资源从纵向延伸到横向拓宽产业模式，发展新业态。铁匠屋村从产业振兴方面，打造多元化的农民收入渠道。在传统的农耕经济基础上，在区域内打造蓝莓特色经济，种植面积达到700亩，年经济效益1400万元。从业态拓展方面，打造民宿和餐饮两个行业，同时绿色食品加工厂、独秀山公园的游乐项目完成，实现产村一体化。实现农民经济收入的提升。并鼓励人才振兴及创新创业基地建设，组织相关人才引进、培训。

"生态相称"，保护治理相辅相成。 尊重、顺应、保护与合理利用自然是乡村振兴战略的重要方面。铁匠屋村以巍峨的独秀山、连绵的农田为背景，整个村环绕在山、水、田园之中。空间生态资源被充分发掘，铁匠屋村的多重价值从生态涵养、休闲观光、文化体验、健康养老层面得以体现。同时对包含建筑整体风貌、道路、绿化的村庄环境进行整治，打造生态宜居示范区。促进乡村振兴要求的产业发展。最终形成了"村容整洁"与"生态宜居"相辅相成的生态环境。

"活态传承"，文化文明共同推进。 文化振兴是乡村振兴的根基与灵魂，对乡村产业振兴、人才振兴、生态振兴等具有推动作用。注重传统村落赖以生存和发展的物质和非物质环境的保护，注重传统村落建筑和文化的保护，注重民风民俗和生产生活方式的传承，保持传统村落的完整性、真实性和可持续性。同时，积极打造乡风文明示范区，以人居环境整治为主，让铁匠屋和藕塘岭重新焕发生机。实现文化传承与乡村文明建设的共同推进。

与此同时，村庄改建过程中，铁匠屋村以党建引领乡村振兴贯彻始终，从而实现组织振兴。把党建资源转化为发展资源、把组织优势转化为发展优势。

在多元融合的目标下，需要理清思路、

第十一章 规划引领，打造生态美丽铁匠屋

坚定信念，以产业振兴、生态治理、文化文明建设等层面多位一体、协同规划为开端。坚持稳中求进工作总基调，立足新发展阶段、贯彻新发展理念、构建新发展格局、推动高质量发展。

李早

合肥工业大学建筑与艺术学院院长

第十二章 鲍店田园,山坳人家的美丽实践

安徽省合肥市庐江县罗河镇鲍店村

样 本 概 况

鲍店村位于安徽省庐江县最南部,距县城中心35公里,距离合肥市中心100公里,距离铜陵市中心50公里,村南百米是合铜公路,北距京台高速6公里,交通十分便利。鲍店村坐落在环境优美、空气清新的黄山寨旁,村庄依托山势而建,三面环山,东侧紧邻黄山寨水库,面向常年种植水稻的梯田,是一个典型的山区村落。村内有村户73户、人口274人。

鲍店村自然资源丰富,山上有白虎洞、

图1 鲍店村鸟瞰图

黄龙岭、鲫鱼背、乌龟眺天、石牛、仙人洞、周瑜点将台、龙王井等自然景观。区域内生态环境优良，山岳、水域旅游资源品质较高，田园格局完整。小黄山与青山湖、黄山湖交相辉映，村落人家错落有致，山谷梯田秀丽如画。

鲍店村历史悠久，地处兵家要害之地。自唐末起便有山寨村民屯兵，明末期史可法率部下驻守于此，清朝末期清军和太平军也争夺过黄山寨区域。同时文化内涵丰富，有着道佛文化、儒家文化、耕读文化以及农耕稻米文化等。

图2　鲍店村自然资源

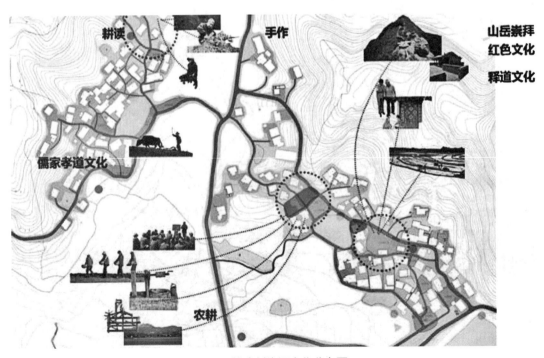

图3　鲍店村资源文化分布图

鲍店村整体格局符合传统的建设理念，呈现出与自然环境和谐共生的景象。追溯到 2017 年，当时的鲍店村村庄规模小、人口集中度低，村民习惯独户独居，村庄环境脏、乱、差，"空心村"现象严重。村庄的建设规划和管理也长期存在一定的薄弱环节，发展势头粗放，外围扩建没有规律，老龄化问题突出，留守劳动力严重不足。随着国家"乡村振兴战略"的持续推进，鲍店村开展了系列美丽乡村建设工作，村庄重焕生机。有村民评价道："以前我们看到的是垃圾，现在到处都是花草，就像画一样""以前我们这里都是土路，下雨的时候鞋子都是泥巴，现在有了这条水泥路，走路很舒服""你看那边那个小广场，晚上吃完饭还可以去广场跳舞"。

图 4　鲍店村原貌

样本建设情况解读

第一节 强化规划引领，完善村庄布局

鲍店村结合地形特点制定村庄规划，完善了现代化功能，切实满足了村庄发展需要。秉持保护山地自然环境、强化山地地形特征、展现山地村落空间布局的理念，将原有的自然资源转化为群体内部的节点空间，以满足居民的生活需求。

在结构设计方面，设计团队基于村庄地形地貌，分析现状基础，明确村庄"一街一轴五组团"的整体布局。"一街"是指村庄南侧由外马路改造而成的乡村观光街。街道所在区域是村庄最早发源的老屋区，连接了老村口、老屋门、村口塘、中心塘等村庄节点，街道两侧分别是田地与村庄南立面，衔接了村庄与自然环境。"一轴"是指串联新村入口、村史馆、村民活动广场、中心池塘、乡村客厅的主轴线，不仅是村庄观光景观的主轴，也是基于村庄原有结构特征连接各居住组团的主轴。"五组团"是指顺应鲍店村地形特点、场地内外关系而产生的居住组团。五组团之间有一定的联系，且有针对性地进行相互修补和编织，改善了村落建筑肌理局部混乱的现象。

鲍店村依托独有的自然和文化资源，明确自身规划策略。在宏观层面，结合一轴三中心，打造体验乡村农耕文化的核心区。结合现有环境打造休闲养生区。结合生态观光项目，打造农耕体验休闲区、共享农场区、观光农耕旅游区。依托山野情趣和山岳文化，打造黄山寨登山旅游运动休闲区。在微观层面，针对村庄原有空间形态整体性较弱，以及建筑乱搭乱建等情况，保护、延续村落自然肌理，顾大放小，修复错乱布局，重建小范围村落结构。

为完善乡村基础设施功能，鲍店村合理植入了具有公共服务、公共活动以及展览等功能的公共建筑。依托村庄交通流线，建造农耕馆、乡村客厅（礼堂）、创客活动基地、公共厕所等场所。将规模大、体量大的乡村客厅与居住群保持一定空间距离，减少压迫感。其他公共建筑则根据村民动线合理布局，集中分布在主轴线上，方便村民通达。

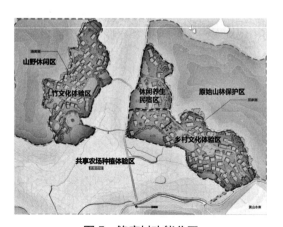

图5 鲍店村功能分区

样本建设情况解读

图6　鲍店村改造后样貌

图7　"乡村客厅"鸟瞰图

第二节　筑牢生态本底，支撑产业发展

（一）实施绿色化土地整治

村庄遵循生态保护、绿色低碳的设计理念，积极推动"绿色化"土地整治，针对环境治理问题，提出一系列整治措施。综合运用建筑工程、生物科学技术等现代化手段，集中建设绿色基础设施，提高农田的抗灾能力，打造高产稳产的生态农田。推广使用低毒、低残留农药，对农作物病

图 8　鲍店村整体风貌

虫害采取绿色防控技术进行统防统治。打造生态沟渠和污水净化塘，蓄积地表径流，净化农田排水。建造人工湿地、生态堤岸、生态河道等，结合动植物保护、微生物修复、生态廊道、河外湿地修复和河内生态修复等，发挥自然界净化功能，治理水环境，持续改善水质。

（二）增强山水林田湖生命共同体功能

鲍店村山林资源丰富、果蔬品种多。村庄依托自然本底，利用现有产业基础，着重发展林下经济，同时结合旅游业建设形成生态农田种植园，扩大特色农产品种植的规模和范围。发展体验式共享农场，主要通过打造"亲子＋科普＋教育"主线，让游客在采摘活动中体验农场生活。建设生态农场，通过会员制形式赠送游客采摘及民宿体验机会，长期吸引大量游客，形成稳定农产品销售渠道，提高村庄知名度。创建农业科普教育基地，为众多学生和家庭提供参观学习服务，满足大学生社会实践活动需求，每年寒暑假迎接多批学生前

图 9　鲍店村景观图

图 10 村边水库

来参观学习,为大家提供一个亲近自然的教育平台。

根据自然环境特点,注重加强水土保持,因地制宜开展部分小区域流域保护行动,将山、水、林、田、湖、草作为"生命共同体"进行综合治理、统一保护。同时采用低碳工程技术,对水、田、村、林、地进行系统化建设,维护农田生态系统碳循环。

(三)制定特色产业发展规划

村庄注重推进一二三产协同发展,结合自身经济作物资源,发展农产品特色种植业。将特色农产品加工生产为农副产品,并结合当地旅游业发展生态农业种植观光园。重视发展结合当地文化元素的手工艺技术,制作多种类型的特色旅游纪念品、伴手礼,如特色竹艺编织品、特色酒酿礼盒等。另一方面,注重发展重点产业,以村庄自身和黄山寨景观特点为基底,融合村落农耕文化、山岳文化,重点发展农业养生、森林康养等高端休闲养生项目,以点带面带动整村发展。

图 11 鲍店村产业规划简图

（四）增加农业生态产品和服务供给

运用现代科技及管理手段，将村庄生态优势转化为生态经济发展优势，通过提供更多优质绿色生态产品和服务，促进生态和经济良性循环。积极开发观光农业、游憩休闲、健康养生、生态教育等服务，加大绿色开发空间和绿道建设，创建一批特色生态旅游项目并整合为乡村旅游精品线路，延伸绿色生态环保的生态旅游产业链。

（五）完善乡村经济建设手段

为助力村庄经济发展增速，鲍店村开展了系列工作。鼓励农民自愿参股农村闲置房屋使用权，与村集体、企业单位统一开发经营，促进民宿业发展。增加就业渠道，吸引在外年轻人回乡发展。通过社会资本投资活跃村集体经济，提高村民收入水平。与社会资本合作，引进农业旅游企业和旅游开发企业，吸引社会资本3500万元投资建设田园综合体和高空漂流等项目。

第三节 改善环境质量，讲好文化故事

2019年11月，鲍店村启动了美丽乡村环境整治项目，包括整改旱厕和空置农房，拆除乱搭乱建的牛棚，将打谷场改造成村民文化休闲广场。村庄以青山湖和黄山村风景名胜区为依托，根据乡村振兴战略规划目标，对附近2平方公里的农田进行了全面改造。同时对村内环境也进行了规划设计，通过实施道路硬化、整治环境等方式，村庄开发逐渐向观光农业、休闲农业及民宿旅游等方向转变。

整治后的鲍店村，道路干净整洁，苗木花草装扮其间，房前屋后的石牛、陶罐、

图12 村内水塘设计

图13 文化中心广场

图14 文化风景墙

图15 农耕器具小品展示图

磨盘等组成了各式村景小品,透露着古朴典雅。"过去,走在这条泥泞的路上,总是晴天灰蒙、雨天泥泞,再加上稀少的就业岗位,村里绝大多数人都不想在家耕地",说到鲍店村的巨大改变,庐江县农业农村局党组成员霍仕兵激动地说道。如今的鲍店村,改造后的野花绿植、景观水塘、文化风景墙以及农家书屋让整个村庄不仅饱含生态美,还充满了浓郁的文艺气息。

为讲好村庄文化故事,村庄在农耕展馆里摆放了多种农业生产器具和生活用品,包括犁、锄、耙、扁担、筛子等。通过农耕器具的呈现,不仅凝练了先祖的智慧,也能够让游客切身感受到春耕秋收时的辛勤劳作场景,让新时代的年轻力量继续传承和发扬宝贵的农耕文化。展厅里摆放着笑弯腰大米、小满梨、胡柚干、翠玉尖毫茶、黄山寨生态石锅鱼等当地特色美食,起到了较好的宣传效果。同样展示了当地竹编艺术非遗传承人蔡继明制作的竹编工艺品,产品形态包括竹篮、暖瓶、家居摆件等,每件都饱含了精湛的技艺和专注的匠人精神。

图16 农耕馆内部效果图

第四节 锚定发展方向，总结振兴经验

（一）统筹规划，科学推进新发展观念

鲍店村坚定不移贯彻创新、协调、绿色、开放、共享的新发展理念。注重解决村庄自身发展动力问题，认真细致的分析梳理村庄原有资源，研判未来发展方向，立足农产品种植等基础产业，着力发展以文化为导向的旅游业、以经济为导向的休闲养生业，调整传统农业产业向第三产业过渡发展转型。注重生态保护与经济发展的协调统一，基于生态敏感度评价划分土地整理重点区、自然植被保育区、林缘植被保护区、河流生态重建区和生态廊道建设区等分区，优化生态廊道格局，排布村庄整体功能分区，在保护生态环境的前提下发展经济项目。注重发展内外联动问题，打造开放共享的合作平台，以优异的基础条件和发展措施吸引外部企业，以开放的合作态度盘活内外资源，创建鲍店发展模式。

（二）发挥党员干部、基层党组织的模范带头作用

鲍店村乡村振兴工作秉承发挥党员干部的模范带头作用，通过制定精细严格的党员管理政策，调动党员积极性，同时约束党员的行为，推动党员干部当好经济发展的"领路人"，改善环境的"践行者"，服务群众的"排头兵"，以自身表现为村民做好示范。将党员带头示范与共建农村相结合，坚持党员带动，引导村民激发"主人翁"意识，调动内生动力，党建激活基层党组织的政治引领、组织引领、能力引领和机制引领作用，推进村内各项工作开展。

（三）锚准定位，推进建设特色文旅项目

鲍店村在规划定位上突出特色文化与主题旅游，形成了黄山寨山里人家观光类旅游产品策划，包括特色住宿、共享民宿、养老养生区域、登山馆、游泳馆以及山泉疗养等。依托山洼梯田空间格局以及村落布局，策划了田园观光、水上观光、村落观光、农业生产观光、乡愁馆展示以及山林观光等项目。建设形成了千亩稻田（阳家墩）、梯田（燕窝地）集中连片山麓水田、山洼梯田、山湖辉映（黄山寨与青山湖、黄山湖）、映日荷花以及接天莲叶（阳家墩村域池塘、黄山湖）等景观。将自然生态环境与地方特色文化有机结合，创新形成多种民宿经营项目。将美食餐饮与文化演艺相结合，让游客在观赏山林美景的同时，切身体验当地的风土人情及悠久的传统文化，形成乡村旅游特色。

图 17　乡村文旅宣传海报

乡村建设者访谈

访谈对象：罗河镇党委书记　薛林华

《样本》：鲍店村在推进乡村建设的过程中，是否聘请了专业设计团队，当时的规划设计理念是什么？

薛林华：县委、县政府与安徽建筑大学达成战略合作，建大师生全程负责我镇的村庄规划工作。鲍店村规划的就是践行党建引领，实现"绿水青山就是金山银山"的理念，充分结合地方资源条件微更新，挖掘地方文化，调动群众积极性、参与性、创造性，发挥"五老理事会"作用，全程参与建设与管理监督。

《样本》：在对鲍店村按照设计方案进行整治的时候，有没有遇到困难？如何解决的？

薛林华：困难是肯定有的！该村总计拆除4000多平方米无功能用房，开始群众不理解、不支持，主要是群众过去习惯搭建旱厕、草堆、猪圈、鸡舍、伙房等，但是现在又没有实际使用，一开始大家都不太愿意拆除，影响村容村貌，为了打造生态宜居的示范村，发展乡村旅游，我们就带领村民代表赴浙江安吉县、桐庐县等地学习治理经验，大家看到其他乡村旅游发展的好，村庄干净整齐，没有所谓的无功能用房，其他村庄也是经过多次做群众工作，思想才转变的。回来后结合我镇实际情况，再做动员工作，成立了"党员先锋队""五老理事会"，发挥老党员、老教师、老拖拉机手、老干部、老复员退伍军人带头示范作用，党员率先拆除自家的无功能、无标注用房，再动员其他群众拆除无功能、无标注用房。

设计院制定"一户一策"整治方案，结合群众需求进行设计，充分沟通，经群众同意后再进场施工。改造开始时，选择了3户居民搞示范：一户是退休教师，老两口在家，想开民宿，设计师就结合退休教师的需要设计出方案，经过多轮修改完善后开始施工；一户是村民组长家，前后有院子，因修建村庄道路占用了他们家一点宅基地，在设计时就适当退让了部分，从道路侧面入户，经设计师设计后村长很满意，开始施工；一户是村民都外出务工，常年不在家，经房主同意，闲置农房收归集体，设计为民宿，交给本地一家文旅公司，统一运营，部分收入归村集体收入，同时解决部分村民就业。通过3户的示范带动，群众看到经过设计师改造后院子、道路、环境卫生等都漂亮多了，还能发展民宿旅游等，大家积极性有了，工作开展就顺利多了，现在得到所有村民的支持！

《样本》：鲍店村总人口较少，只有73户274人，村里村民的主要收入来源是什么？近三年的人均收入有多少？

薛林华：在改造前，村民的收入主要靠外出务工和做生意，现在我们发展起来了，部分群众返乡就业、创业，群众自己开饭店、经营民俗、搞旅游接待，家门口就能赚钱了，人均纯收入近2万元。

《样本》：您认为鲍店村当前的发展瓶颈是什么？需要强化哪些工作？

薛林华：现在发展较快，乡村旅游人数较多，群众主体意识不足，发展动力不足，需要强化以下工作：一是建设用地紧张，二是接待能力偏少，三是软服务需要提升。

专家点评

"产业兴旺、生态宜居、乡风文明、治理有效、生活富裕",践行新时代下美丽乡村

鲍店村向有经验地区学习治理经验,依托长三角区域乡村振兴的先行先试示范区域,借鉴其成功的总结落地经验。

产业是基石,聚焦乡村文化旅游打造乡村振兴的特色亮点。

一方面,鲍店村在规划先行的基础上,规划定位突出特色文化与主题旅游。充分发挥本地地形的优势,凭借山洼梯田空间格局和村落得错落布局,策划打造了田园观光、水上观光、村落观光、农业生产观光、乡愁馆以及山林观光。形成了千亩稻田梯田的连片山麓水田、山湖辉映、映日莲叶、山湖交相呼应的独特景观,吸引大量游客驻足留念。

另一方面鲍店村利用自身优质的自然生态环境资源结合地方特色有机文化融会贯通,创新地打造出新民宿。

生态是保证,聚焦统筹规划,科学推进新发展理念。

鲍店村综合运用工程、生物等现代技术,加强农村水环境的治理和农用水的水源保护,坚守根植自然生态理念。一方面实施绿色化土地整治,打造鲍店村空间优美、绿色发展、富民创业宜居的地方。利用规划先行,遵循注重生态景观保护,倡导低碳的设计理念。随着国家"乡村振兴战略"的持续推进,鲍店村迎来新的发展机遇得以重新焕发生机。规划先行的重要性与落地性在鲍店村的实践中也体现得非常充分。

另一方面,鲍店村还针对自身所处地区特点,因地制宜地采取了一些专业的小区域流域保护措施,把山、水、田、湖、草作为一个生命的共同体,进行综合治理和统一保护。特别围绕国家的"双碳"目标,采用低碳工程技术措施,对水、田、村、林、地进行整合建设,维护农田生态系统碳循环。

乡风是灵魂,重点突出党干部、党组织者的积极带头作用。

鲍店村各级党员干部起到了积极地带头作用,着力建立健全党委领导,进行任务的严谨安排,用心引导村民乡风的改变与传承,坚持自治、法治与德治三者相结合,乡村振兴不仅需要政府负责,也需要社会协同以及公众参与,最重要的是要有一定的法治保障,可以确保乡村社会充满动力,和谐统一。鲍店村还充分发挥非遗传承人的先锋带头作用,全力打造匠人精神。

治理是核心，聚焦完善党委领导、政府负责、社会协同、公众参与、法治保障的当代乡村社会治理体制。

一方面，鲍店村运用现代科技管理手段，全力以赴让生态优势变为经济优势，重点关心产业发展与生态建设之间的直接联系，并积极促进这种良性羁绊，实现乡村经济发展与自然生态文明建设共建共赢的局面。

另一方面，鲍店村村委和村民共同努力，抓重点，补短板，做到围绕村民群众最关心的利益问题，进行一二三产融合发展，把乡村建设成美丽的家园。通过发展多种多样的乡村产业，把握时代发展的趋势，完善支持乡村振兴的项目和机制。同时，在乡村治理过程中，鲍店村成立了"党员先锋队""五老理事会"，发挥老党员、老教师、老拖拉机手、老干部、老复员退伍军人带头示范作用。制定"一户一策"的整治方案，贴合百姓需求，一起从老百姓的利益出发进行管理与治理。

生活富裕是目标，聚焦农民收入，化解劳动力短缺。

鲍店村通过践行一系列的乡村振兴措施，并规划先行，分布落地、党员带头模范引导。依托乡村文旅产业吸引村民、留住村民。鲍店村通过一二三产业融合发展，使村民的由原来是收入结构组成为外出务工和做生意转换成村民返乡就业、创业、村民自己开饭店、经营民宿、搞旅游接待。人均纯收入接近2万元。

另外鲍店村还增加就业渠道，鼓励农民自愿参股农村闲置房屋适使用权，与村集体、企业单位统一开发经营，促进民宿业发展。吸引社会资本投资田园综合体和高空漂流项目。为村民的谋实际福利，高标准谋划农旅业态。

一步一个脚印，紧紧围绕"产业兴旺、生态宜居、乡风文明、治理有效、生活富裕"战略总体要求，坚持人与自然和谐共生，坚持因地制宜、循序渐进。写好新时代下乡村振兴新诗篇。

关成贺
上海纽约大学城市政策与科学副教授 /
上海市城市设计与城市科学
重点实验室联合主任 /
哈佛大学工程应用科学学院
高级访问研究员

第十三章　绿树村边合，青山郭外桃花村

安徽省马鞍山市当涂县李白文化旅游区桃花村

样本概况

桃花村原名"庵居村"，因临近山上的"青云庵"而得名，2012年更名为"桃花村"。村庄位于风景秀丽的大青山东麓，北临姑溪河，处于半山半圩，与唐代诗人李白的墓园一山之隔。紧邻宁马芜高速公路，县道泉新路、护太路穿境而过，交通十分便捷。村庄依山而建，错落有致，生态环境保持良好。村内文物古迹众多，包括晋墓群、明代琉璃瓦窑遗址、青云寺、大山庙以及百灵庙等众多历史人文景点。

图1　村庄入口景观

图 2 桃花坞农家乐

桃花村全村共 2001 户，总人口 6350 人，耕地面积 7507 亩，村庄辖 24 个自然村，46 个村民组。村党委现有党员 159 人，下设 5 个党支部，21 个网格党小组。依托百年果树种植历史，有果园面积近万亩，培育桃、李、柿、石榴、葡萄、板栗等多种优质鲜果，形成了"十里桃花，万亩果园"的独特景观。自 2006 年以来，每年都举办"桃花节"和"采摘节"，年均接待游客达 60 万人次。近年来，桃花坞坚持党建引领，全面推进乡村振兴，大力发展桃产业，带动壮大村集体经济，有效促进农民增收，2021 年村集体经济收入 114.2 万元，农村居民人均可支配收入达到了 35522 元。

村庄先后荣获"全国文明村""全国乡村治理示范村""全国乡村旅游重点村""中国美丽休闲乡村""国家森林乡村""全国第四批美丽宜居村庄""全国农业旅游示范村""全国巾帼示范村""中国乡村旅游模范村""美丽乡村省级重点示范村""安徽省农家乐旅游示范点""全省新农村建设先进单位""省级生态示范村""省首批宜居村庄"以及"省级综合减灾示范社区"等多个荣誉称号。

样本建设情况解读

第一节 实施乡村建设，打造美丽乡村

桃花村原来废旧窑厂林立，全村仅有一条土路通往县城，道路窄破不堪，农民人均收入不到3000元，当时村内广泛流传着"夏天挑担卖桃子、城里争夺抢位置、拉低价格找贩子、含着眼泪数票子"的说法。如今经过美丽乡村建设，村内的道路变宽了、村民的钱袋变鼓了、村集体收入情况也越来越好。

图3 村庄美景

（一）合理规划村庄布局

桃花村围绕全方位升级、高标准建设的目标，积极探索以群众为主体的美丽乡村建设实施路径。在建设全过程中遵循"群众自愿，规划自审，资金自筹，工程自建，管理自治，成果自享"的原则。

2013年，村庄以《安徽省美好乡村建设规划（2012～2020年）》《马鞍山市村庄布点规划导则（试行）》《当涂县县城总体规划（2011～2030）》《当涂县土地利用总体规划（2006～2020）》《当涂县大青山李白文化旅游区总体规划》《当涂县村庄布点规划（2013～2020）》以及其他相关政策、规范、标准等为依据，委托专业设计团队编制了桃花村建设规划。在规划编制过程中，通过现场调研、征求村民意见、召开村民理事会和村民代表大会等方式，结合上位规划，编制完成桃花村规划。2013年，经当涂县政府审查，村庄规划取得批复。

（二）完善基础设施建设

桃花村结合当涂县农村公路畅通工程和"四好农村路"等项目，自2013年起，逐年对全村范围内的村庄道路及停车场进行规划建设，目前已完全实现道路硬化，完成村村通、组组通、户户通。在村内主干道及部分中心村安装电力路灯和太阳能路灯约200盏，在全村域活动广场安装高杆路灯照明，并相应安装时间控制器，实现定时自动开关，绿色节能。同时聘请专业电工为路灯管养，确保运转正常，满足村民夜间出行和活动的需求。2019年，全面完成农村电网改造，基本实现乡村电气化。通讯光纤100%接入，4G无线网络实现全覆盖。建成农村电商展示馆，逐步实

现了农产品的线上销售和线下配送。主动与供销社、快递企业对接，实现了物流配送和农村快递全覆盖。

图4　桃花村主干道路

（三）加强人居环境整治

桃花村通过美丽乡村建设、农村人居环境整治、农村"三大革命""五清一改"以及深化"六化"行动等方式，重点实施了全域化保洁和垃圾分类、"河长制""林长制"等工作机制，实现了花红水清岸绿的建设成效。

图5　村内水系景观

在垃圾处理方面，2015年，大青山李白文化旅游区管委会对桃花村的环卫保洁工作开始市场化运作，统一发包物业公司，聘请专业保洁员每天开展环卫保洁和垃圾清运工作，确保村庄及周边环境整洁干净。完善辖区内的环卫设施，配备专门的垃圾收集车、垃圾收集设施，有效做到生活垃圾日产日清。

在污水处理方面，2012年，桃花村通过申报沟塘清淤及小型水利项目，逐年对村内所有自然村沟塘进行全面清淤，打造红旗水库景观带，使黑臭水体得到有效治理。村内污水处理方式主要采取集中处理和三格式处理两种方式，其中许家、詹村、料草、窑头、吕墓冲五个自然村采取集中处理，其余自然村采取三格式化粪池处理，目前村内厕所粪污及生活污水的有效处理率已达到100%。

在绿化建设方面，围绕道路、田园、庭院及房前屋后开展见缝插绿行动，同时进行四旁植树，目前全村的道路绿化率和沟渠绿化率达92%。另一方面，全面推进林长制工作制度，建立种绿、护绿等有效机制，对村域内的古树名木进行调查、建档，将管护责任落到实处。

在厕所革命方面，近年来，大青山管委会结合乡村振兴战略工作，积极推进农村改厕工作，建立农村厕所长效管护机制，基本完成农村厕所粪污无害化处理、资源化利用，全面改善农村农民生活环境。

图 6　村内开展 3.12 植树活动

如今的桃花村，显眼突兀的垃圾池、垃圾房消失了，垃圾外溢、散落的现象不见了，道路、绿化、屋舍景观更加和谐相融，空气更加清新。"以前我家不远处就有个垃圾投放点，夏天很招蚊子苍蝇。现在好了，家家都有2个小型垃圾桶，套有垃圾袋。家门口干净了，也闻不到臭味了"，村民夏敬兵如是说。"过去是夏天挑筐卖桃子，拼着命去争位子，压低价钱拉贩子，含着眼泪数票子；现在是乡村美起来，旅游热起来，桃挂枝头上，就有客来摘"，年近六旬的种桃人何贤达也有相同的深切感触。

第二节　着眼产业兴旺，建设富裕乡村

近年来，桃花村党组织牢固树立"绿水青山就是金山银山"的发展理念，通过一二三产业协同融合，积极探索促进农民增收、壮大村集体经济的新路径，着力打造集休闲游、体验游和采摘游于一体的农文旅融合模式，"桃花节"和"采摘节"更是成为区域内响当当的农文旅项目品牌。

图 7　水墨生态农庄

（一）聚焦主导产业

桃花村主导产业为林果业和乡村旅游业，村内"园艺鲜桃"荣获国家地理标志，连续成功举办了十五届桃花节和采摘节，以及民俗文化节、自行车骑行赛、户外旅游节等节庆活动。随着乡村旅游业的不断发展，许多在外务工的原乡人陆续返乡，利用自有房屋办起特色农家乐，目前已规模性打造成民宿集中区。村民实现充分就业，劳动生产率、资源利用率和土地产出率明显高于区域平均水平。

图 8　桃胶产品展示

（二）强化项目建设

加快已签约招商项目的建设进度，包括滑翔运动基地、李白文化精品民宿等项目，打造精品示范。积极创建省级旅游度假区，构建以"李白文化""乡愁民宿"为主题的环大青山旅游圈，三闲山舍、九间堂等民宿已获评长三角地区最具网红气质的精品民宿。结合现有资源，利用集体土地打造网红金七彩油菜花项目，目前计划进一步延伸产业链，谋划桃胶加工等项目，深入推进美丽乡村建设。

（三）推动基础设施建设

积极推进景区视频监控、WiFi无线网络全覆盖，推动农村通信网络提速降费，推进乡村信息化建设与农业创新、农业服务深度融合，目前数字乡村建设已实现试运行。推动景区景观提升、绿化栽植工程等旅游配套设施项目建设，目前已新植绿树、花卉2000余株，完成景区亭、廊、栈道、游步道、标识标牌维护提升项目建设，完成辖区内诗仙路、祥正路的提质改造工作，打造出村庄"彩虹"道路。

图9　三闲山舍民宿

图11　村内"彩虹"路

图10　九间堂民宿

（四）打造乡村特色产业品牌

实施市场开发立体化战略，重点拓展"沪苏浙"客源市场，利用报纸、电视、电台等主流媒体以及抖音、微信、微博等新媒体进行宣传推介，提升旅游区的知名度和美誉度。充分挖掘"绿水青山"资源优势，大力发展滑翔运动、山地自行车、登山攀岩、帐篷露营等户外运动旅游项目，重点打造以滑翔运动为典范的户外运动旅游项目，形成"康体养生"品牌。加大招商引资力度，重点开展以李白文化园为核心的"诗歌小镇"、诗酒文化园地块、省级美丽乡村中心村吕墓冲自然村、谢公祠景区等项目的招商工作。

图12　采摘节活动现场

第三节　重视组织建设，共创幸福生活

（一）建设文明乡村

桃花村自新时代文明实践站建设以来，紧紧围绕"凝聚群众、引导群众、以文化人、成风化俗"的总体目标，精准对接群众需求开展志愿服务，在实践中探索、丰富居民群众的精神文化生活。建立"14566"工作体系，促进乡村振兴。村内制定的村规民约规范简约、群众知晓率高，充分发挥群众移风易俗、改造社会的重要作用，抓好重点人群的示范带动作用。

图13　志愿者服务活动

注重挖掘保护和传承优秀农耕文化，建设村史馆用以存储、展示村中的宝贵文物，例如唐朝诗人李白七次游历当涂时，赠予叔叔李阳冰的《当涂李宰君画赞》[①]。

---

① 《当涂李宰君画赞》是唐代李白创作的一篇散文。

建设藏书千余册的农民书屋,为广大村民提供丰富的精神食粮,帮助提升村民们农业生产、日常生活等诸多方面的知识和技能储备。

图14 《当涂李宰君画赞》

(二)打造平安乡村

村党委通过抓实党建,丰富党建载体和内容,实施党建引领乡村治理。村党委深入在"自治,法治,德治"三治上下功夫,实施"村事大家管"机制,积极调动农村党员,发挥党员优势,促进农村和谐稳定。党建引领村民自治,村党委强化对村民委员会的指导作用,培育"三长合一"党小组队伍,实行网格化治理和服务,建立民情e站,充分发挥联系沟通群众、反映处理问题、收集意见建议的高效作用。党建引领法治建设,为加强平安乡村建设,通过开展法律下乡宣传活动,培养农民群众法治理念,严厉打击农村黑恶势力、宗族恶势力的负面影响,引导广大农民增强知法、学法、守法、用法的基本法制意识。党建引领德治建设,注重培养乡贤文化和桃文化,通过建立新时代文明实践站,开展"最美桃花人"系列评选活动,引导群众以文化人、成风化俗,形成积极健康的乡村文化形态。

图15 村规民约

(三)推动村富民强

桃花村以全省"三变"改革试点为契机,抓股改促振兴。盘活村集体各类资源,实现资源变资产、资金变股金、农民变股东。2018年,村集体资产清产核资土地资源640亩,土地折资1984万元,折股量化2112股,平均每股5636元。成立村级集体经济组织4个，其中2个村集体经济组织，2个股份制经济合作组织。培育桃花节、"桃花村"鲜桃、青山人家农家乐三大品牌。

第四节 聚焦建设要素，明确发展路径

（一）组织强村

桃花村党委培育"六美党建"品牌，以志愿服务队为抓手，打造"温情桃花美"活动品牌，形成"党建融合、融合党建"的工作体系，为促进乡村振兴提供组织保障。村党委逐步规范实施党务村务公开，提升村级事务管理的民主规范水平。激发党组织的组织力度，村干部下沉网格做党建指导员，了解村民在生产生活中，尤其是创收过程中存在的问题，以群众需求为导向，充分发挥网格党小组作用。

根据产业发展情况，重点针对"桃花节"和"采摘节"实施"富民党建"，村党委牵头，村书记具体抓落实、总负责，党委会每月集中学习有关村集体经济发展的业务知识，讨论村集体发展工作。壮大队伍，提升队伍经营能力，由大青山李白文化旅游区管理委员会面向社会公开招聘经营性人才，做到有规章、有制度、有分工、有保障。

（二）产业兴村

桃花村以科技强农为目标，通过推广新技术、新品种，延长花期和挂果期，提升产品产量。2016年以来，改良优质品种

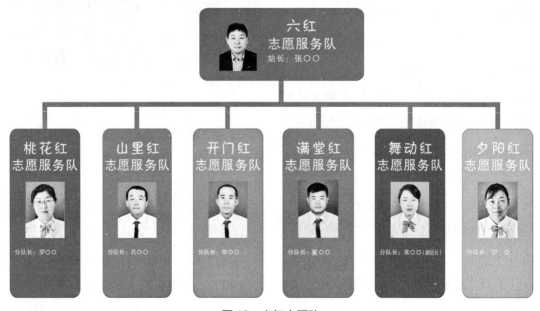

图16　六红志愿队

桃树面积1970亩，改良后亩均产量可提高10%。盘活废弃工矿地、荒山、闲置土地、水面等资源760亩，引进旅游休闲项目，通过村企合作，为企业提供土地，实现村、企、民三方增收。坚持以农村人居环境整治为抓手，实现清洁村庄向美丽村庄的转变，计划下一步将村庄整治过程变为利用生态资源发展文旅产业的过程，努力建设景区村庄。

（三）风貌美村

通过发掘地域特色文化、重塑资源价值、推动农文旅深度融合发展、秉持可持续发展理念，实现"看得见山，望得见水，记得住乡愁"。桃花村万山自然村的房屋建筑均按照简约徽派风格进行改造，依山就势，呈现出"青砖黛瓦马头墙、回廊挂落花格窗"的美丽风貌。桃花村詹村自然村

图17　桃花村万山自然村概貌

图18　桃花村詹村自然村概貌

建筑风格呈现典型的江南水乡特点，房屋建筑统一按照江南水乡风格进行改造，突出坡屋面、白色墙、包墙角、腰鼓线、红窗边、通透栏、地脚线等要素。

（四）文化活村

村庄经常性开展群众喜闻乐见的文体活动，每年春节期间，组织群众开展表演采茶灯、跳秧歌、跳狮子、舞龙灯等文化活动。春节写春联、端午吃"五红"、四月初八过"乌饭节"、六月六晒宗谱等时令习俗得到完整传承。

图19　乡村春晚

图21　端午节包粽子

图20　写春联活动

图22　举办大型节庆活动

乡村建设者访谈

访谈对象：桃花村党委书记　张明武

《样本》：桃花村的支柱产业是什么？为村里带来哪些收入？

张明武：2021年，通过做大桃产业，带动村集体经营性收入42.2万元，村集体成立人力资源公司，通过提供劳务服务实现收入34万元。

《样本》：在桃花村产业得到提高的同时，为村民的收入带来怎样的变化？近三年村民人均年收入有多少，收入主要由哪些组成？

张明武：2019年村民人均收入29600元，2020年村民人均纯收入31871元，2021年村民人均纯收入35522元。其中，2021年工资性收入21921元，经营性收入11490元，财产性收入1101元，转移性收入1010元。

《样本》：请您列举一两个贵村在美丽宜居乡村建设过程中，可以值得其他乡村者学习借鉴的地方？

张明武：桃花村在美丽宜居乡村建设中，以农村人居环境整治为抓手，推动美丽乡村向美丽经济转变，深入实践"绿水青山就是金山银山"。桃花村积极推进村庄运营，依托国家4A级李白文化旅游景区，把村庄整治过程变成开发利用乡村生态资源，发展乡村文旅产业的过程，建设景区村庄。

《样本》：十里桃花，灼灼芳华，桃花村的美让人流连忘返，桃花村作为大青山李白文化旅游区的一部分，紧紧围绕乡村旅游和李白文化两大主题，带动村民致富增收，推进乡村振兴。您认为桃花村当前的发展瓶颈是什么？哪些工作亟待解决？

张明武：桃花村目前桃产业规模萎缩、品种更新较慢，二产发展较慢，目前没有农产品加工企业，且桃花村地处大青山李白文化旅游区，用地指标有限制。民宿发展较慢，目前只有10家，其中高质量的民宿仅有九间堂、三闲三舍，且集聚发展不强。

专家点评

十里桃花万卷画 一抔乡土千万家

桃花村紧盯乡村全面系统优化,同时聚焦重点抓落实,有力有效做好乡村振兴的各项工作,推动乡村步入产业发展"快车道",绘就美好人民生活

(一)内外兼修——提升人居环境品质

桃花村通过开展美丽乡村建设、农村人居环境、农村"三大革命"等行动,明确了以建设美丽宜居乡村为导向,以农村垃圾、污水治理、村容村貌提升为主攻方向,逐步实现了乡村从局部美到全域美、内在美到内涵美、一时美到持久美的新气象。桃花村通过全面加强规划设计、开展全域土地整治、规范农房改造建设、系统保护自然生态等系统方式,全面深化美丽乡村建设,在筑牢乡村健康发展的基础上,推进内外部环境持续优化。

(二)党建领衔——打造乡村治理硬核

桃花村党委始终坚持着党建引领的组织建设,积极培育"六美党建"品牌,创新乡村志愿服务队工作模式等,健全党组织领导的村级工作运行机制,切实抓好乡村振兴的坚实组织保障。此外,桃花村由村党委牵头、村书记抓落实总负责,明确党委会集中学习村集体发展业务知识,并由管委会面向社会公开招聘经营型人才。在乡村自治建设上,桃花村党委深入在"自治、法治和德治"上下功夫,实施"村事大家管"机制,引导群众在党组织领导下进行自我管理、自我教育、自我服务和监督,有效发挥村规民约和家教家风作用,多措并举,不断提升乡村治理效能。

(三)绿水青山——塑造农旅融合品牌

桃花村聚焦于"农集体+农户"经营方式,集中发展休闲农业、民宿体验、主题活动等村经济发展,围绕旅游生态圈整体打造,产业振兴现已初见成效,具体体现在以下几方面:通过整合桃园、李白文化、自然村落景观和大青山风景区等优势资源,实行"企业+村特色产业",实现"美丽乡村+乡村旅游+产业发展+农村电商+城乡统筹+特色文化开发"六合一的融合发展;充分利用了当前乡村振兴大环境下的各类政策支持和旅游发展的大势,依托桃花村优良的山水田园风光和农业产业资源,以林果业和旅游业为主导产业,结合李白文化和民俗文化两大文化特色,打造出了桃园观光采摘、田园游乐活动、特色民宿体验等乡村旅游的示范样本项目。人民获得感、幸福感和安全感的全面提升,是乡

村产业发展的最终目标和努力方向。桃花村靠着"桃花"IP带动了产业的发展，吸引了成千上万的游客来到这里，让乡村建设真正做到了因地制宜，赋予了村民产业自主"造血"的功能和持续增收的发展路径。

（四）共同富裕——创新集体资产入股

桃花村紧紧围绕发展壮大村级集体和促进群众增收致富的两大目标，利用农村经济产权制度改革的契机，开展清产核资，将属于集体所有的土地等造册登记，折资入股集体经济，并将特色产业基地周边的农户承包土地一并入股，探索出了"公司运作、村集体资产入股、村民入股"的运作模式。一方面，村民都将成为股东并获得利益分红，大大增强了村民自我发展积极性；另一方面，村集体获得建设资金，同时以集体资产入股的形式展开与投资开发组织的协作，拓宽了集体经济的发展空间。

与此同时，桃花村集体通过与旅游企业合作，将村集体资产入股，利用该资金完善农村基础设施，为旅游企业提供配套设施，从而达到撬动社会资本、吸引外来投资的目的，实现了村庄发展的可持续发展。

综上所述，桃花村景区村庄建设富了村民、醉了游客，在诸多美好荣誉的背后，是农业产业创新驱动的持久发力和品质人居的稳步提升，更是经济强劲的发展韧性和内生动力。我们有理由相信，在更加多元产业类型和更加丰富空间要素产出下，产业振兴、生态振兴等一幅幅美好的画卷正在徐徐展开，桃花村必将实现从农业生产主体向生产、消费和生态等多功能的空间转型，并通过理论与实践的紧密结合，为实现乡村振兴作出更有意义的探索。

王薇
安徽建筑大学建筑与规划学院副院长

调研及采编说明

1. 本书样本乡村相关内容及图片均由各样本村镇提供，并经由采编团队整理提炼而成。

2. 本书样本乡村相关建设内容主要采用2021年数据。

3. 本书采编团队历时12个月，重点调研了长三角地区13个乡村建设典型案例，主要采编内容包括：样本概况、样本建设情况解读、乡村建设者访谈、专家点评四部分。

样本概况：主要介绍样本区位、环境、人口以及荣誉获取等情况；

样本建设情况解读：详细介绍样本乡村美丽蝶变、产业腾飞、治理提升的发展过程。

乡村建设者访谈：针对各样本乡村集体收入、农民收入、建设困难、解决措施等方面进行提问，由熟悉样本建设情况的村镇代表回答访谈问题；

专家点评：邀请13名专家对样本建设情况进行点评，分析建设成果丰硕的关键因素，提炼可复制可推广的建设经验。

4. 本书样本乡村选取的主要依据：党组织建设和精神文明建设良好，党群、干群关系和谐融洽的乡村；乡村文化传承保护、转化发展较好的乡村；村庄形态空间优化，农房布局合理，村容村貌整洁美观，景致特色鲜明的乡村；基础设施和公共服务较完善的乡村；产业结构合理、主导产业鲜明，能够带动村民创业就业，经济发展效益显著的乡村。

上海市奉贤区青村镇吴房村

上海市嘉定区徐行镇伏虎村

浙江省杭州市西湖区转塘街道长埭村

浙江省杭州市西湖区转塘街道长埭村

浙江省湖州市吴兴区织里镇上林村

浙江省湖州市吴兴区织里镇上林村

浙江省温州市瑞安市曹村镇东岙村

江苏省常州市武进区雪堰镇陡门塘村

江苏省苏州市昆山市锦溪镇祝家甸村

江苏省徐州市铜山区汉王镇紫山村

江苏省徐州市沛县大屯街道安庄社区

江苏省徐州市沛县大屯街道安庄社区

江苏省泰州市兴化市千垛镇东罗村

安徽省安庆市怀宁县黄墩镇铁匠屋村

安徽省合肥市庐江县罗河镇鲍店村

安徽省合肥市庐江县罗河镇鲍店村

安徽省马鞍山市当涂县李白文化旅游区桃花村